¡Ssssssh hhhhhhhhhh!

Haz del teatro algo íntimo

Llévalo siempre en el bolsillo

Cubierta y diseño editorial: Éride, Diseño Gráfico
Dirección editorial: ángel jiménez

Primera edición: mayo, 2024

Escombros / más al este es el oeste
© Elena Belmonte
© VdB, 2024
Espronceda, 5
28003 Madrid

VdB®

ISBN: 978-84-19850-56-0
Depósito Legal: M-12693-2024
Diseño y preimpresión: Éride, Diseño Gráfico

Este libro protege el entorno

escombros

más al este es el oeste

Elena Belmonte
(Alcázar de San Juan, 1958)

Escritora, dramaturga, profesora y actriz de doblaje es autora de los libros de relatos *Que hablen las farolas* (Libertarias, 1998), *Comamos algo* (Gens, 2007) y de la novela *La época del agua* (Mondadori, 2005). Su relato *Los hambrientos* forma parte de *Narradoras del siglo 21* (Institución Fernando el Católico, 2011), donde también figuran otras importantes escritoras como Belén Gopegui, Cristina García Morales, Mercedes Abad, Marta Sanz o Lolita Bosch.

Como dramaturga, es autora de las obras teatrales *Los vanidosos* (estrenada en Madrid en 2006), *Clara sin burla* (ganadora del premio «Textos Teatrales Villa de Pinto» y «José Baeza Clemares 2009», publicada en 2007), *Baile de huesos* (ganadora del premio «Lázaro Carreter» y representada en Suiza, Buenos Aires, y Madrid, publicada por la Asociación de Directores de Escena en 2010), *El almacén, La herida* y *Mecánica del rencor*.

Autora de los monólogos teatrales *Ventanas, Años de agua* y *Un tipo responsable* (publicados por Autores de Teatro de Madrid y representados en el Festival de Otoño y en los Maratones de Madrid). Autora también de los monólogos teatrales *Nadie tiene la culpa* (I Accésit «José Moreno Arenas», 2014), *Molly, mi Molly, Perséfone fuma* y *No metamos a Dios en esto*.

En 2005 funda su propia productora *Delirios y frambuesas* y estrena su primera obra, dirigida por Manuel Galiana.

Elena Belmonte

escombros

Para Concha: mi hogar.

Personajes.

EVA
DAVID

La escena solo iluminada en la parte del proscenio. Entra EVA, *va hacia la luz, mira más allá del patio de butacas. Se queda pensativa. Luego se vuelve y se ilumina en el centro una mesa-velador y dos sillas, mientras el resto queda en penumbra. Sobre la mesa una botella de licor no llena del todo y dos copas.* DAVID, *un hombre gordo, estará sentado en una de las sillas. Mirándola.*

EVA   *(Feliz, ilusionada. Llenando las dos copas.)* Me parece mentira tenerte delante, haber dado contigo después de tantos años…

DAVID   *(Distante. Irónico.)* Y todavía tan escuálido, ¿no? *(Pausa.)* ¿Treinta años?

EVA   Veinticinco.

DAVID   Ya veo que llevas la cuenta.

EVA   *(Ríe.)* La última vez que nos vimos, teníamos quince.

DAVID   Puede… Y ¿cómo te va?

EVA   Oh, vamos, no hablemos del ahora. Me hizo
               tanta ilusión dar contigo. Me gustaría que re-
               cordáramos aquellos tiempos. *(Levanta la
               copa a modo de brindis.)* ¿Qué pasó con la fá-
               brica de harinas de tu padre?

DAVID   Solo quedan escombros.

EVA   Qué pena. Aquellas callecitas con las casas don-
               de vivía la gente que trabajaba para él.

DAVID   Verías restos de visillos en las pocas ventanas
               que quedan en pie.

EVA   Tenían encanto aquellas casas. Todas iguales;
               con los patios… Incluso sus hornos de leña en
               las cocinas. *(Silencio.)* ¿Te acuerdas de la tar-
               de que la mujer del capataz nos invitó a cenar
               y a la pobre se le quemó la carne?

               (Ríe.)

DAVID   No fue carne lo que preparó.

EVA   Claro que sí.

DAVID   Fueron sardinas.

EVA   Qué más da. El caso es que se le quemaron.

DAVID   No se le quemó nada. Las sardinas estaban pa-
               sadas. Y vomité al marcharnos.

EVA   (*Riendo.*) Ahora que lo dices, tú vomitabas con frecuencia. (*Pausa.*) Tenías un estómago delicado.

     (*Vuelve a reír.*).

DAVID   Solo vomité en dos ocasiones delante de ti.

EVA   Me parecieron más. Tu padre dijo un día que eras de vómito fácil.

DAVID   Tampoco es que la palabra de mi padre...

EVA   (*Interrumpiéndolo.*) Me acuerdo de la escalera que había en la entrada de tu casa. Con aquel pasamanos.

DAVID   No tenía pasamanos.

EVA   ¿Cómo qué no? Me encantaba deslizarme por él.

DAVID   Lo debes estar confundiendo con la escalera de otra casa.

EVA   (*Vuelve a reír.*) Tengo tu casa grabada a fuego en la memoria: La cocina, la despensa, el salón con todas aquellas molduras en el techo.

DAVID   Nunca tuvimos despensa.

EVA   A veces me escondía allí para darte un susto.

DAVID   Solo era una especie de armario donde se guardaba el pan.

EVA   Yo siempre lo llamé despensa.

DAVID   Será que entonces lo veías todo más grande.

EVA   *(Riendo.)* Será eso. *(Silencio.)* Me gustaría volver a esconderme allí.

DAVID   Ya no me asusto con tanta facilidad.

EVA   Recorrer de nuevo toda la casa. Mirar por las ventanas. El olor del café que preparabais. *(Pausa.)* El café de mi madre nunca me supo tan rico como el vuestro.

DAVID   Nuestro café sabía a rayos.

EVA   Es que a ti no te gustaba el café.

DAVID   Sí me gustaba, pero acabé odiándolo.

EVA   ¡Qué tiempos!, ¿verdad? Que, tan pequeños, nos dieran café ...

DAVID   Y copitas de vino dulce.

EVA   Yo nunca tomé vino dulce.

DAVID   Pero sí aguardiente casero. Le robé una botella a mi padre y te lo di a probar.

EVA   Ahora dirás que también vomité.

DAVID   No, eso no, pero tuve que ayudarte a encontrar la puerta de tu casa.

EVA   ¿En serio? ¿Cuántas copas nos tomamos?

DAVID   Casi media botella.

EVA   (*Volviendo a reír.*) ¿Qué pretendías?

DAVID   Emborracharte. Está claro.

EVA   No lo recuerdo.

DAVID   Qué cosas.

EVA   ¿Te acuerdas de las galletas con membrillo que nos preparaba mi madre para merendar?

DAVID   Anda que hacer galletas con membrillo.

EVA   A mí me parecía muy original.

DAVID   Niños que se quedaron sin el pan con chocolate de toda la vida.

EVA   Tú decías que te gustaban.

DAVID   Pues no era verdad. Tu madre siempre me pareció extravagante. Un poco sin ton ni son.

EVA   (*Sin dejar de sonreír.*) Era un poco particular, sí...

DAVID   ¿Solo particular?

EVA   Me acuerdo cuando llovía y nos refugiábamos
          en las cuadras; tu pelo siempre despedía un olor
          como a mantequilla.

DAVID   Lo dudo; entre aquella peste a cerdos y a vacas.

EVA   ¿Cerdos? Nunca hubo cerdos en las cuadras de
          tu padre.

DAVID   No te fijaste bien; embriagada por mi olor a
          mantequilla.

EVA   No digas tonterías. No había cerdos. *(Empe-
          zando a descolocarse. Pensativa. Como para sí.)*
          Nunca hubo cerdos...

DAVID   Lo que tú quieras. *(Pausa.)* ¿He de suponer que
          a las vacas sí las salvas?

EVA   *(Intentando recordar. Insegura.)* Creo que vacas
          sí había.

          *(Silencio en el que él la observa con fría curio-
          sidad.)*

DAVID   ¿Te dedicas al mundo gastronómico?

EVA   No. ¿Por?

DAVID   Por tus recuerdos: las sardinas, la mantequi-
          lla, las galletas con membrillo, el café...

EVA   Ahora que lo dices… Porque me acuerdo de que uno de mis juegos preferidos era ese que tú y yo teníamos un restaurante y servíamos macarrones con tomate y nos llovían los encargos y al final eran tantos, que siempre acabábamos discutiendo.

DAVID   Lástima; no recuerdo haber jugado a eso con lo interesante que parece. Pero sí que discutíamos mucho.

EVA   No tanto.

DAVID   Lo que tú digas.

EVA   *(Intentando remontar cierta confusión. Intentando volver a reír.)* Y también me acuerdo de cómo sabía el agua de aquel río y del lodo que se quedaba entre los dedos de los pies.

DAVID   *(Muy irónico.)* Sí, aquel embalse que pertenecía a mi padre en exclusiva. *(Pausa.)* Fuiste una niña muy afortunada bañándote allí. Solo los elegidos pudieron hacerlo.

EVA   No sé qué quieres decir. Siempre había niños bañándose allí.

DAVID   Solo los niños del comisario al que mi padre le debía muchos favores.

EVA   Me acuerdo que tu hermana llevaba un bañador con volantitos.

DAVID   Mi hermana no sabía nadar.

EVA   ¿Y qué? Llevaba un bañador con volantes.

DAVID   Pensé que ahora me dirías que nadaba como una sirena.

EVA   No sé si nadaba o no, pero llevaba bañador.

DAVID   Sabrás perdonar que no me acuerde de ese detalle.

EVA   Y tampoco te acordarás de que siempre se estaba comiendo las uñas.

DAVID   Claro que me acuerdo. *(Mordaz.)* Le tuvieron que amputar los dedos.

EVA   ¿Qué dices?

DAVID   Lo que oyes. Se las comía tanto que al final no quedó otro remedio.

EVA   *(Riendo de nuevo.)* Venga, no me tomes el pelo.

DAVID   ¿Qué pasa? ¿Es de mal gusto para ti?

EVA   Un poco.

DAVID   Vaya, lo siento.

EVA   No es eso. Es que lo dices con tanta distancia…

DAVID   Ya ves. Me he vuelto así.

EVA   Te estás esforzando por ser así.

DAVID   ¿Tú crees?

EVA   (*Intentando remontar de nuevo.*) ¿Qué fue de tu hermana? (*Nostálgica.*) Era la chica más guapa del pueblo. Con esa piel tostada y los ojos tan negros. Parecía una princesa india.

DAVID   (*De nuevo mordaz.*) Todo el mundo pensaba que no era nuestra, que la habían recogido del arroyo.

EVA   Déjalo ya, ¿vale? ¿Qué ha sido de ella?

DAVID   Se casó con un tipo y se desvaneció alumbrando hijos.

EVA   ¿Se desvaneció?

DAVID   Sí. Hay gente que perdura y otra se desvanece.

EVA   No te entiendo. (*Pausa. Como si se le hubiera ocurrido de repente y le diera miedo.*) ¿Se murió?

DAVID   No hace falta morirse para que la vida te trague.

EVA   ¿Le ha ido mal?

DAVID   Ni bien ni mal. Quien no aprende a nadar, no pasa a la historia.

EVA   Qué tontería. ¿Y cuántos pasamos a la Historia?

DAVID   Yo pensé que a lo mejor tú sí.

EVA   (*Riendo.*) ¡Como un cerebro en matemáticas, ¿no?!

DAVID   Más bien como una señora de esas que monta un salón donde los jueves reparte té y pastas entre la aristocracia.

EVA   (*Riendo.*) Ya. Una especie de cortesana.

DAVID   Algo así.

           (*Silencio en el que ambos beben.*)

EVA   Está muy rico este coñac, ¿verdad?

DAVID   (*Con sarcasmo.*) Pero no tanto como el café que hacíamos en mi casa…

EVA   Los sabores de la infancia no se pueden igualar con nada. Nada que venga después sabrá igual.

DAVID   Has tomado pocos cafés entonces. Si hubieras probado el del bar «Los tilos» no dirías eso.

EVA   No sé dónde está.

DAVID   Desde las ventanas se ve una avenida llena de tilos.

EVA   Me encanta el olor de los tilos. Pero no se pueden meter en un frasco.

DAVID   ¿Por qué habría que hacerlo?

EVA   Me compré una colonia que olía a tilo, y no funciona.

DAVID   Ya veo que tienes manía con enfrascar las cosas. Has metido la infancia en un frasco y tampoco.

EVA   No es lo mismo. (*Él se encoge de hombros. Silencio.*) Me acuerdo de cuando tu padre salía a la puerta y nos gritaba que entráramos a comer de una vez.

DAVID   (*Cortante.*) De una puta vez.

EVA   ¿Qué?

DAVID   «De una puta vez», era lo que él decía.

EVA   Cuando tu padre se reía, se le movía toda la tripa. Se parecía un poco a Papá Nöel.

DAVID   Sí, sobre todo por el gorro y los renos.

EVA   No quería decir…

DAVID   Sí, ibas a decir que era un hombre muy simpático.

EVA   ¿Y no lo era?

DAVID   (*Muy cortante.*) No.

EVA   Escribía unas poesías muy bonitas.

DAVID   Se las quemé.

EVA   ¿Qué?

DAVID   Bueno, una tarde se me cruzaron los cables, sa-
           qué todos aquellos papeles al patio y encendí
           una hoguera.

EVA   Me estás tomando el pelo, ¿no?

DAVID   Nunca he tenido sentido del humor.

EVA   Juraría que sí.

DAVID   A ver si es que no pasamos juntos la infancia.
           La que tú recuerdas no se parece en nada a la
           mía. Porque mi padre, ese señor tan simpáti-
           co, nos trataba mal a todos: a mi madre, a mi
           hermana, a mí y a sus trabajadores.

EVA   Pues les había proporcionado unas casas muy bo-
           nitas. Con esas cocinas tan grandes y los patios.

DAVID   Se morían de frío en invierno y mi padre les
           pagaba cuatro perras.

EVA   Parecían contentos.

DAVID   (*Con intención.*) Mi padre solo se llevaba bien con su amigo el comisario. ¿Lo recuerdas?

EVA   Claro que sí.

DAVID   Venía a tomarse una copa después de cenar. Hablaban de negocios durante horas. Y fumaban hasta que esas molduras en el techo que tanto te gustaban apenas se distinguían por el humo.

EVA   (*Intentando sonreír.*) ¿Cómo lo sabes? ¿Te dejaban tomar una copa con ellos?

DAVID   Los espiaba desde el pasillo.

EVA   ¿Y para qué?

DAVID   No acababa de comprender lo que decían, pero no me gustaba.

EVA   Pues debía de ser muy aburrido si solo hablaban de negocios.

DAVID   No tanto.

   (*Silencio en el que ella bebe cada vez más insegura.*)

EVA   ¿Te acuerdas del capataz? ¿Ese señor tan serio que nos regañaba siempre?

DAVID   Sí, el gilipollas ese.

EVA   Tenía gracia que fuera tan serio. Lo que nos
             reíamos a su costa. *(Pausa.)* Aquella vez que
             nos pilló besándonos…

DAVID   Supongo que no recordarás a su hija, esa niña
             que olía tan mal.

EVA   No la recuerdo.

DAVID   Ya me lo imaginaba. *(Pausa.)* Estaba siempre
             sola en el patio de la escuela. Me hubiera gus-
             tado jugar alguna vez con ella.

EVA   ¿Y por qué no lo hiciste?

DAVID   Porque era un puto cobarde.

EVA   Si olía mal…

DAVID   Podría haberla animado a que se lavara.

EVA   Solo eras un niño.

DAVID   ¿Y qué? ¿Los niños no pueden hacer esas co-
             sas? *(Pausa.)* Pero, al menos, yo la vi. Tú ni si-
             quiera sabes que existió.

EVA   Supongo que tú tampoco te acuerdas de todos
             los niños que conocimos entonces.

DAVID   ¿Qué has hecho de las gafas?

EVA   ¿Qué gafas?

DAVID   Las que llevabas. (*Con mucha ironía.*) ¿O tampoco te acuerdas?

EVA   Ahora llevo lentillas.

DAVID   Porque anda que no te dieron problema aquellas gafas. Intentabas salir a la calle sin ellas, pero tu madre se disgustaba y un día acabó rompiéndolas.

EVA   …

DAVID   Tu madre tiraba muchas cosas al suelo cuando se ponía nerviosa…

EVA   Solo ocurrió con las gafas.

DAVID   Y también con una bolsa llena de melocotones y con aquel pañuelo amarillo que a veces se ponía en la cabeza. Y con una figura de porcelana que teníais en el salón.

EVA   (*A regañadientes.*) Era muy nerviosa mi madre.

DAVID   Una noche la vi bañarse a escondidas en el embalse. Pensé que si mi padre la pillaba, también ella iba a tener problemas.

EVA   (*Un tanto ofendida.*) Fue a bañarse un montón de noches, pero no porque se escondiera. ¿Por qué tu padre tendría que haberle dicho algo?

DAVID   (*Como perdiendo la paciencia.*) Porque era su embalse y el de sus niños y el de los niños del comisario.

EVA   Yo también me bañé.

DAVID   Mi trabajo me costó convencerlo.

EVA   Pero ¿de qué hablas? No haces más que mentir.

DAVID   ¿Mentir? ¿Me ves cara de estar mintiendo?

EVA   No sé de qué te veo cara. Te sientas ahí enfrente y no haces más que recordar cosas que…

              (*No sabe cómo seguir.*)

DAVID   ¿Qué?

EVA   Cosas feas…, cosas que hacen daño. Yo me habría quedado a vivir allí; entre los mosquitos que nos picaban en las piernas. Me habría quedado a vivir en aquella tarde de tormenta cuando nos escapamos a la estación y tú dijiste que cogiéramos un tren. Veo mis manos tan bronceadas y tú con toda la cara llena de gotitas de agua.

DAVID   ¿Qué hiciste con mi anillo?

EVA   ¿Qué anillo?

DAVID   No recuerdas a los cerdos, no recuerdas que mi padre decía «de una puta vez», no recuerdas que te regalé un anillo, de plástico, pero un anillo; porque nos íbamos a casar.

EVA   (*Ofendida.*) ¡Y nos casamos! ¡Incluso hicimos una ceremonia echándonos harina por el pelo! Incluso le robé a mi madre un pañuelo morado para ponérmelo en la cabeza. Fui corriendo a reunirme contigo; no corría, volaba. Y fue tan bonito que hasta me parecía que estábamos rodeados de un montón de invitados que nos felicitaban, que sonaba una música preciosa y que luego tú me subías en volandas a ese tren.

DAVID   Pero no recuerdas el anillo.

(*Silencio.*)

EVA   (*A la defensiva.*) No, no lo recuerdo.

DAVID   Y al día siguiente de esa boda tan maravillosa, te escuché cuando le contabas a tu amiguito, el hijo del comisario, que yo te había regalado un anillo de plástico y los dos os lo pasasteis de miedo riéndoos de mí.

EVA   Por lo que veo, te pasabas el día espiando.

DAVID   ¿Y qué si fui un niño-espía?

EVA   Di mejor un niño desconfiado.

DAVID   ¿Sabes lo que mi padre decía de ti? Que eras una niña estúpida, con ínfulas de princesa.

EVA   Cuánto rencor tienes, ¿no?

DAVID   No soy tan imbécil como para guardarte rencor por un anillo de plástico. Pero no me divierte que ahora llegues aquí y me lances a la cara una postal de colorines. Yo no sé de qué infancia me hablas. Resultaste desleal y, ¿por qué no decirlo?, engreída. También te reías por los cortes de pelo que me hacía mi madre, ponías cara de asco cuando ella nos daba para merendar aceite con azúcar, *(Con burla.)* porque el aceite te parecía muy pringoso. *(Pausa.)* Mi madre, esa señora que no pintaba nada, tan poca cosa ella, y que no preparaba galletas con membrillo como la tuya, nos quería a los dos, mientras tú tirabas sus bocadillos.

EVA   Ella nunca se enteró.

DAVID   No, claro, era mejor decirle que estaban riquísimos. *(Triste de repente.)* ¿Y sabes? De alguna manera también te reías de ella.

EVA   *(Triste también.)* Yo tampoco sé de esa infancia de la que me hablas. Yo nunca me reí de tu madre. *(Pausa. Emocionada.)* Ella era todo lo que yo quería tener. *(Se interrumpe. Silencio.)* No sé si era engreída. ¿Me ves engreída? Lo que está claro es que tú te has convertido en un amargado.

DAVID   Empezaste esta conversación diciendo que habláramos de entonces. Me limito a decir lo que fuiste.

EVA   Un niño no ve todas esas cosas. Son conclusiones que has sacado de adulto.

DAVID   Después de que os fuerais, me acerqué a la estación y estuve allí mucho tiempo. Habría salido corriendo para irme detrás de ti. Pero bueno, no hizo falta, luego vinieron otras parecidas a ti. Y aquí me tienes, engordando para defenderme.

EVA   Qué triste que lo digas con orgullo.

DAVID   A lo mejor es lo único que me queda.

EVA   He pensado en ti muchas veces a lo largo de estos años.

DAVID   En mi delgado y esbelto cuerpo.

EVA   En ti cuando me ayudabas con los deberes, cuando te reías y se te hacía un hoyito en la barbilla, cuando se metían conmigo por las gafas y tú me defendías. (*Pausa.*) Nunca fuiste un puto cobarde.

DAVID   Dejémoslo en idiota entonces. ¿Cómo pude pensar que una niña-princesa y un chico escuálido...?

EVA   (*Interrumpiéndolo.*) No eras un chico escuálido.

DAVID   No, en tu paraíso no existían los flacos, claro. Por eso una tarde tú y el hijo del comisario también os partisteis de la risa diciendo si yo sería un alambre o un lápiz o un hilo de coser.

EVA   ¿Y qué querías que hiciera?

DAVID   No reírte, ¿por ejemplo?

EVA   En la infancia te dejas llevar por las cosas y las personas. (*Silencio en el que se miran.*) Mi madre no me dejó despedirme de ti. A mi madre no le gustabas. Decía que tenías unos ojos raros, como si tuvieras ojos por toda la cara.

DAVID   (*Ríe por primera vez.*) Tu madre y sus originalidades. Pues fíjate que a mí me parecía que ella no tenía ojos.

EVA   Decía que eras un retorcido. Y quizá no se equivocaba.

DAVID   ¿Y lo decía ella que parecía que estuviera cegata y se fuera dando contra los árboles? (*Ella, muy incómoda, se lleva la copa a los labios, pero está vacía. Él se la vuelve a llenar. Silencio.*) Fue un desperdicio de infancia. Deberíamos haber elegido mejor a las amistades. Pero me alegra saber que, al fin y al cabo, estuviste allí también. Entre cerdos y padres maltratadores. Empezaba a creer que no exististe.

EVA   Existí y existo y seguiré pensando que tu pa-
           dre se parecía a Papá Nöel.

DAVID   Han tenido que pasarte cosas muy duras en
           todo este tiempo.

EVA   ¿Por qué dices eso?

DAVID   Solo alguien que se está ahogando insiste en
           recordar de una forma tan engañosa. ¿O aca-
           barás contándome que tu vida adulta también
           ha sido una balsa de aceite, una sucesión cons-
           tante de maravillas?

EVA   ¿Y por qué no?

DAVID   (Sonríe.) ¿En serio tengo que contestar a eso?
           ¿Me has traído para que te diga que, si todo te
           ha ido mal, al menos tuviste una infancia di-
           vina? ¿Me ves cara de hacer esas cosas?

EVA   (Como para sí.) Cuánto odio.

DAVID   Al menos, me mantiene vivo.

EVA   ¿Estás seguro?

DAVID   No quiero ser un escombro más como aquella
           mierda de infancia. Como los poemas de mi pa-
           dre, como el anillo que te regalé. O como tú. Pero
           no te creas tan importante, como si todo el odio
           fuera para ti sola. No, mi odio es universal. Has
           hecho mal poniéndote delante. Nada más.

EVA   Ya. (*Silencio largo en el que ella queda un tan-
             to ensimismada.*) Ya que te empeñas, puedo ha-
             cer un esfuerzo y recordar que, a lo mejor, tu
             odio ya estaba allí, antes. (*Pausa. Se levanta, el
             proscenio se ilumina, va hacia él y mira hacia el
             patio de butacas, como si allí estuviera lo que pre-
             tende recordar. Y luego como si fuera recordan-
             do sobre la marcha.*) Me acuerdo de aquella fies-
             ta de disfraces a la que fuimos en la escuela.
             Ibas disfrazado de emperador romano y por el
             camino empezó a llover y se te deshicieron las
             sandalias que te habías hecho con papel.

DAVID   Tú ibas de princesa. Cómo no.

EVA   No sabes el trabajo y los disgustos que llevó
             hacer aquel vestido. Mi madre no tenía pa-
             ciencia…

DAVID   Serenidad, querrás decir.

EVA   Pero me hacía tanta ilusión ese disfraz… Yo sa-
             bía que el vestido no había quedado bien…

DAVID   Era un asco aquel vestido.

EVA   Y eso me hacía sentir insegura. (*Silencio.*) Nada
             más entrar en la fiesta, tú me rompiste adre-
             de una manga y me dijiste, riéndote, «si yo
             voy descalzo, tú tienes que ir rota». (*Silen-
             cio.*) Supongo que me reí también. (*Pausa.*)
             Pero no tenía ninguna gracia. (*Pausa.*) Porque
             aquel gesto me amargó la tarde. Ni siquiera

quise bailar. ¿Te acuerdas de que ni siquiera quise bailar?

DAVID   No puedo recordarlo todo.

(*Silencio.*)

EVA   Y luego la tarde de la feria. Y el oso de peluche que me tocó en la tómbola y al que tú, haciendo el tonto, le arrancaste una oreja. (*Pausa.*) Lo tuve mucho tiempo en la estantería de
mi habitación... ¿cómo nunca se me ocurrió
pensar que tú habías hecho aquello y aquello
tampoco tenía ninguna gracia?

DAVID   Como si estuvieras hablando de que quemé tu
casa. Pero me alegro de que recuerdes esas cosas. Empieza a parecer más real.

EVA   (*Sigue sin escucharlo. Para sí.*) Y antes de eso...
El pato... Siempre me pregunté qué había pa-
sado con mi pato para que desapareciera de
repente... Un pato que me seguía a todas par-
tes, un pato al que adoraba... (*Abandona el
proscenio que se oscurece, desanda el camino hacia la mesa y lo enfrenta.*) Fuiste tú, ¿no?

DAVID   No tengo ni idea de ningún puñetero pato.

EVA   ¿Qué le hiciste?

DAVID   ¡Te he dicho que no lo recuerdo!

EVA   ¿Lo pisaste? ¿Lo estrangulaste?

DAVID   (*Con mucho sarcasmo.*) Mi padre le dio permiso a tu pato para bañarse en el maldito embalse y resulta que tu pato no sabía nadar. (*Silencio.*) ¿Contenta?

EVA   No ha sido buena idea hacerte venir, David.

DAVID   Pienso lo mismo. Pero puedo irme cuando quieras. (*Pausa.*) ¿Qué se supone que estoy haciendo aquí?

EVA   (*Con rabia.*) Pensé que sería bonito recordar, pero tal vez, en el fondo y sin saberlo, lo que yo quería es decirte ¡que me devuelvas a mi pato!

DAVID   (*Cortante.*) Muy bien. Te conseguiré un pato y asunto arreglado.

EVA   ¡Me gustaría cruzarte la cara!

DAVID   (*Con indiferencia.*) Hazlo.

EVA   ¡A ti y a tus malditos celos! ¡Me deberás toda la vida un pato, un traje de princesa y un oso de peluche!

DAVID   ¿Y tú? ¿Qué me deberás tú? ¿La solución a cientos de ejercicios de matemáticas? ¿Otros cientos de peleas en la escuela para defenderte? ¿Una despedida, al menos?: «Adiós, me marcho, ya nos veremos dentro de veinticinco años»?

EVA   *(A bocajarro. Cortante.)* ¿Por qué no me dices de una puta vez que me quieres todavía?

DAVID   Ya no soy más que un fantasma, querida. ¿De qué te sirve que un fantasma te quiera? Salvo que lo que busques sea que te visite cada noche con un cirio en la mano.

EVA   Pensé que el fantasma era yo.

DAVID   No te llamé fantasma sino escombro. Dije *(recalcando cada palabra.)* que tú eras un escombro.

EVA   ¿Cuál es la diferencia?

DAVID   Un fantasma tiene su dignidad. Un escombro, no.

EVA   ¿Cómo has podido volverte así?

DAVID   *(Con sarcasmo de nuevo.)* Los kilos, querida, le quitan a los hombres la piedad.

(Silencio en el que ella le observa pensativa.)

EVA   Háblame de esa avenida llena de tilos.

DAVID   Ya veo. Otra vez los tilos. La princesa se agarra como un clavo ardiendo a su último sueño: Una avenida llena de tilos por donde yo, aún joven y delgado, paseo. ¿No quedamos en que los tilos no sirven ni para un triste frasco de colonia? (*Descarnado. Con rabia.*) Veo esos puñeteros tilos desde que me levanto hasta que me acuesto, en un bar a las afueras y ni putas ganas que tengo de olerlos. Los veo desde unas ventanas sucias, llenas de insectos que se han ido estrellando y de huellas de dedos.

EVA   (*Interrumpiéndolo.*) Pero donde dijiste que el café está rico. Yo lo único que quiero es comprender qué hay detrás de toda esa fachada de cinismo.

DAVID   (*Con la misma rabia.*) No hay más que ese bar. Mi vida es un bar. Donde aguanto a la clientela borracha. El bar que mi padre me compró cuando vio que yo no sería ni bombero, ni piloto, ni ingeniero industrial. Cuando se cansó de verme tirado en un sofá y me sacó a patadas. ¿Y sabes lo que me dijo? «Ese tipo calvo que estaba en la cama con tu novia seguro que vale más que tú».

EVA   ¿Encontraste a tu novia con otro en la cama?

DAVID   ¿Tú qué crees? ¿Qué se supone que te estoy contando? Y ahora pensarás que engordé por eso. Pues, mira, puede que sí. Porque fue ahí cuando los genes de mi padre se pusieron en marcha y, ya sabes, (*Imitándola.*) «tu padre que era como Papá Nöel». ¿Sabes la gracia que me hace que digas eso? ¿crees que puedo tomármelo en plan entrañable? Ahora me dirás que mi padre llevaba sus kilos con mucha elegancia; aquel sombrero de fieltro o de paja. La manera que tenía de sentarse en el sillón y fumar en pipa. ¡Todo un señor! Pues ya ves, yo no lo soy. ¿Y sabes por qué no limpio los cristales del puñetero bar? ¡Porque no tengo ganas! (*Pausa.*) ¿Querías saber qué hay detrás de mi cinismo? Te lo diré: más cinismo. (*Pausa.*) ¿Satisfecha?

(*Silencio.*)

EVA   Lo siento.

DAVID   (*Igualmente con rabia.*) Yo no siento nada. Quedaría bien decir que lo siento, que siento haber sido tan incompetente, pero no lo haré. ¿Y qué importa ya si mi padre me está maldiciendo desde su tumba y mi madre aún llora por mí desde la suya? ¿O si mi hermana se desvaneció en el tedio y el tedio nos alejó? Yo no soy ningún buscador de sueños como tú. No tengo ni un jodido tilo al que agarrarme, que le den por culo a todos los tilos de este mundo. Y si quieres un consejo, deberías hacer lo mismo. Por tu salud mental deberías buscar tus orgasmos de otra forma.

EVA   ¿Por qué no te vas a la mierda?

DAVID   ¿De verdad lo encuentras necesario? (*Se miran, luego él retira la mirada y se sirve otra copa. Mirando la botella.*) Está casi vacía. ¿Tienes más?

Eva   No.

David   Joder, ¿es que tienes miedo de que me em-
          borrache y aún sea peor? (*Pausa en la que
          bebe.*) Bueno, y ahora vamos contigo, queri-
          da. De momento solo sabemos que fuiste una
          niña cuatro ojos que odiaba las matemáticas,
          que pululaba por una fábrica de harinas con
          el hijo del dueño, que se enamoraba de las
          molduras de un techo o del olor de mi pelo,
          que se hizo amiguita del hijo del comisario,
          y que tenía una madre nerviosilla que estre-
          llaba melocotones contra el suelo y rompía fi-
          guritas de adorno y, ¿qué quieres que te
          diga?... aún tuviste suerte de que no te rom-
          pieran a ti, como nos ocurrió a muchos. (*Pau-
          sa.*) Veo que sigues soñando con castillos y con
          almenas, ¿y qué más? (*Pausa.*) No te imagi-
          no trabajando en un bar… Si acaso, digamos
          que cerrabas las discotecas tonteando con unos
          y con otros… Hasta que, por fin, encontras-
          te a tu príncipe y te casaste y todo fue como
          debía de ser: arroz y pétalos de rosa, invitados
          de verdad, alianzas de verdad…

Eva   …Solo faltó el tren.

David   ¿Qué tren?

Eva   El tren al que el novio te sube en volandas para
          huir a otra parte.

DAVID   Bueno, no te llevó en volandas, pero extendería una alfombra roja para que subieras al avión. ¿No has estado buscando siempre eso?

EVA   ¿Y con «eso» a qué te refieres exactamente? ¿A estupidez? ¿A ostentación?

DAVID   ¿Pero sabes? Sospecho que la cosa no acabó bien, que el príncipe solo era un paje y que ahora estás sola. Pobre Eva, tan solicitada entonces y tan sola ahora.

EVA   ¿Por qué habría de estarlo?

DAVID   Porque si no, no me habrías buscado. (*Pausa.*) La verdad es que me aburre toda esta parte del príncipe, ¿no nos la podríamos saltar?

EVA   Me da la sensación de que puede interesarte.

DAVID   ¿En serio?

EVA   Yo diría que sí.

DAVID   Pues yo preferiría que me contaras, por ejemplo, qué fue de tu madre y sus extravagancias. (*Pausa.*) Porque hace rato que espero que rompas estas copas, o la botella. Tengo que felicitarte; al parecer, no sacaste eso de ella.

EVA   No voy a consentir que sigas hablando de mi madre en esos términos.

DAVID   ¿En qué términos?

EVA   Como si te burlaras de ella.

DAVID   ¿No te burlaste, en su día, tú de la mía?

EVA   ¡Te he dicho que yo nunca me reí de tu madre! ¡Si tiré sus bocadillos fue porque, realmente, no me gustaban! ¡No me gusta el aceite con azúcar! ¿Es tan difícil de entender? ¡Sabía la ilusión con que los preparaba y no quería disgustarla! ¡Antes me habría dejado matar!

DAVID   También sabía prepararlos de chorizo, y de jamón y de pavo y de mortadela …

EVA   ¡¿Por qué no te callas de una puta vez?! ¡Estás ahí sentado regodeándote en tu jodida ironía como si dictaras sentencia!

DAVID   No me regodeo; mi ironía ha dejado de serlo y ya solo es un acto reflejo.

EVA   ¡Para dictar sentencia hay que tener todos los datos! ¡Y tú no tienes ni maldita idea!

DAVID   ¡Vaya, yo no tengo ni idea! ¿Y que coño es eso que tendría que saber?

EVA   Mientras tú estabas por ahí matando a mi pato, o bañándote en el puto embalse, o metiéndote en peleas, tu madre me hacía ir a la cocina para que le contara.

DAVID   (*Por primera vez descolocado, aunque a la defensiva.*) ¿Qué tenías tú que contarle a mi madre?

EVA   Me gustaría decirte que a ti qué te importa. Pero si te he hecho venir es porque creo que debes saberlo. Porque a lo mejor todo ese rencor te lo tienes que terminar tragando. Porque a lo mejor toda esa infancia tan terrible que me has estado restregando por la cara, no fue para tanto. O sí, pero no todo fue malo. Porque nunca todo es malo, salvo que alguien se empeñe en alimentar su puñetero victimismo. Y si te digo la verdad, me hubiera quedado a vivir en aquella infancia gracias y sobre todo a tu casa y a tus padres. Llegué a envidiaros tanto… tanto… que, si lo pienso, aún me cuesta respirar…

DAVID   (*Pasmado.*) ¿Pero de qué va esto? ¿Estás escribiendo una puta novela? (*Pausa.*) ¿Gracias a mis padres?

EVA   En el fondo, eres un palurdo. Estás ciego. Y mi madre diciendo que era como si tú tuvieras ojos por toda la cara. ¡La pobre, qué equivocada estaba! (*Silencio.*) Pues sí, tu madre me llamaba a la cocina y me preguntaba: «¿Cómo está?», «¿cómo va?». Y yo le explicaba que mi madre había pasado de romper cosas a robar en una tienda y luego en otra y que incluso había noches que salía descalza y en camisón a la calle. Y entonces a ella se le ponía una cara muy triste y me decía: «tú no te preocupes, hija, que todo se va a arreglar» y me daba un abrazo y me invitaba a quedarme a comer. ¿Te has preguntado alguna vez por qué hubo un tiempo en que no hacía más que comer en tu casa?... (*Con ironía.*) Sí, cuando tu padre decía aquello de «de una puta vez», ¿crees que el miedo que yo tenía me dejaba fijarme en esas cosas? (*Silencio.*) Mi madre se estaba volviendo loca y estábamos solas… Pero no del todo, porque tu madre estaba allí, en aquella cocina, diciendo que todo se iba a arreglar. (*Pausa.*) Sonaba como una campanilla, como una risa, así, corta y pequeña, y no sabes cómo aliviaba… (*Silencio.*) Y cuando mi madre empezó a bañarse de madrugada en el embalse de tu padre, era la tuya quien la sacaba del agua y la devolvía a nuestra casa. Y tu madre volvía a decirme: «no te preocupes que todo saldrá bien, Eva». Todavía oigo su voz entre el sueño, entre las sábanas, entre el miedo. Siempre tenía los dedos fríos, me tocaba la cara y yo pensaba en peces. (*Pausa.*) Y así hasta que nos compró unos billetes de tren porque íbamos a ir a un sitio donde podrían ayudarla. Cuando me los dio me dijo «no se lo diremos a David, todavía es pequeño para entender las cosas, se llevará un disgusto, pero acabará olvidando, y tú también». (*Ríe entre lágrimas.*) Olvidar… No, uno no olvida tan fácilmente. Uno recuerda toda la vida a quien le ayudó y recuerda cuando mira entre las arrugas de su madre, y recuerda cuando entra en una cocina y la invitan a café y ese café le sabe a gloria. Y recuerda cada vez que se sube a un tren que no, que aquel día lo último que yo quería era marcharme. (*Llorando.*) Así que no quiero que me digas que vuestro café era malo. No consiento que me digas que tu madre era una señora que no pintaba nada. No quiero que me digas que la mía era una mujer sin ton ni son porque su ton ni son nos costó... Dios sabe lo que nos costó... ¡No se te ocurra decirme que tu padre no era Papá Nöel! (*Casi gritando.*) ¡Era Papá Nöel y lo seguirá siendo!, ¿entiendes? ¡Ni tú ni nadie me va a convencer de lo contrario! (*Silencio. Más serena.*) Puede que tu madre se equivocase no dejando que nos despidiéramos, ¿pero qué madre quiere para su niño a la hija de una loca? (*Pausa.*) ¡Me da igual! Ella nos ayudó y decir «gracias» nunca será suficiente.

(*Silencio largo.*)

DAVID   ¿Por qué ella nunca me habló de esto?

EVA   Te estaba protegiendo, joder. Quizá no podía protegerte de tu padre, pero sí de mí.

DAVID   (*Intentando disimular lo afectado que está.*) Me pregunto de dónde sacaría el dinero para compraros los billetes de tren. Ahora solo faltaría descubrir que regentaba un burdel.

EVA   (*Sin levantar la voz.*) Eres un imbécil. Porque solo un imbécil responde así. O te has vuelto malo y solo quieres hacer daño. (*Pausa.*) ¿Quién, sino tu padre, iba a pagar esos billetes?

DAVID   ¡No digas gilipolleces!

EVA   ...Y no solo eso. También pagó el tratamiento de mi madre.

(*Silencio largo.*)

DAVID   (*En su intento por seguir disimulando.*) Y lo sabes porque estabas allí, ¿no?...

EVA   (*Con sarcasmo.*) Escondida en la despensa que solo era un armario.

(*Silencio.*)

DAVID   Mira, no sé a qué viene esta historia, pero cuéntasela a otro que te la pueda comprar.

EVA   Haz lo que te dé la gana. Pero ahora ya no podrás decir que no lo sabes.

DAVID   (*Como para sí.*) Mi madre tomando decisiones: «a esta niña la tranquilizo yo», «y no te despides porque lo digo yo», «y tú, macho, cabrón, hijo de puta, tienes que ayudar a estas, así que suelta la pasta». (*Silencio.*) No solo es que tú y yo no vivimos la misma infancia, es que tampoco conocimos a las mismas personas.

EVA   A lo mejor has llegado hasta aquí creyendo que las personas somos en blanco y negro. Sé que Papá Nöel era un maltratador, pero también fue muy generoso. Y que tu madre, tan apocadita ella, era muy capaz de tomar decisiones.

DAVID   A ver si no iba a ser su mujer tampoco. Por lo que sabemos, el Papá Nöel ese estaba soltero.

EVA   Y ahora que lo sabes, ¿qué harás con tu dolor y con tu sarcasmo?

DAVID   ¿Seguir preguntándome por qué me llevé la peor parte? ¿No es triste que tenga que venir la vecina a decirme que tuve unos padres tan entregados? (*Él, descolocado, está haciendo el gesto de servirse una copa, aún a pesar de que la botella está vacía.*) O sea que mi vida ha sido como esas series de ochocientos capítulos donde nada era lo que parecía. O una especie de teatrito donde al final nadie se quitó la máscara. Has tenido que venir tú… ¿qué eres? ¿el epílogo? (*Silencio, en el que él de nuevo afectado, se aprieta los ojos con las yemas de los dedos.*) No voy a darte las gracias, si es lo que pretendes. (*De nuevo con ironía.*) Tienes razón… ¿Qué haré yo ahora? ¿A quién le echo la culpa de mi gordura?… Ah, bueno sí, a aquella novia. (*Como para sí.*) Y con qué discreción lo llevasteis todos… Ah, bueno sí, yo estaba entretenido matando patos… (*A ella.*) Y qué estúpido hablar de anillos de plástico mientras sucedía todo eso…, ¿verdad?

EVA   Contéstate tú mismo.

DAVID   Podéis iros a la mierda todos. Tan conchabados y tan amiguitos.

EVA   Eres un gordo infantil y estúpido empeñado en su pataleta. ¡Abre de una puta vez los ojos! Que, por lo menos, esto sirva para algo.

DAVID   (*Aplaude desganadamente.*) Lo has intentado. (*Pausa.*) Y ahora, me voy a ir marchando.

           (*Ella ha cogido la copa vacía y le da vueltas en la mano, mientras lo mira.*)

EVA   No hemos acabado todavía.

DAVID   Ah, bueno, ahora queda que te diga que no ha pasado un solo día que no me acordara de ti. Es eso, ¿no?

           (*Silencio.*)

EVA   Él se ha ido.

DAVID   …

EVA   Sí, el hijo del comisario.

DAVID   (*Con mucho sarcasmo.*) Ah, que también has hecho venir al hijo del comisario… ¡Vaya, estás teniendo una tarde movidita! Por eso la botella estaba a medias. Ya me extrañaba tener todo el protagonismo. ¡Qué pena! ¿Ni siquiera tenías una botella para nosotros dos solos?

(*Pausa.*) ¿También tenías un puñadito de cosas que contarle a él? A lo mejor que su padre no era comisario y solo tenía un puesto de verduras en el mercado. Y venía a mi casa por las noches y hablaba con mi padre de lo caros que se estaban poniendo los tomates. (*Con desprecio.*) ¡Hay que joderse!

EVA   Me casé con el hijo del comisario. (*Silencio largo.*) ¿Por qué? Porque él me buscó y tú no.

DAVID   (*Sin mirarla. Con los ojos fijos en la copa.*) Qué argumento tan sólido. (*Silencio.*) Si, al menos, me hubieras dicho que también por agradecimiento. Porque quizá el comisario también ayudó a pagar ese tratamiento.

EVA   El comisario se murió hace muchos años. Déjalo en paz.

DAVID   Así que su niño vino a buscarte… (*Pausa.*) En realidad, nunca he sabido lo que hubo entre ese chico y tú, aparte de reíros de mí.

EVA   ¿Qué siempre aparecía cuando tú y yo estábamos peleados? ¿Qué me enseñó a bucear? ¿Qué me animaba a escribir historias en un cuaderno? (*Se encoge de hombros.*) Creo que nunca me hicieron mucha gracia las cosas de las que se reía, pero me reía con él…, y cuando estábamos juntos no me sentía nerviosa.

DAVID   Ah, y conmigo sí…

EVA   Un poco. Ahora me doy cuenta de que un
             poco.

DAVID   Y eso era malo…

EVA   Supongo que no.

DAVID   ¿Qué coño le viste a ese tío para casarte con
             él?

EVA   Se presentó en la tienda en la que trabajaba y
             me dijo que si había escrito mi primer libro ya.
             Y eso me hizo ilusión. ¿Alguna vez te intere-
             saste tú por algo así? … Pero era imposible te-
             nerlo delante y no acordarme de ti…

             (Silencio.)

DAVID   (Como para sí.) Pues cuánto me alegro de ha-
             berle sacudido aquella paliza en la puerta de
             la escuela. (A ella.) Un rato más y te habrías
             casado con un cojo o un tuerto. Pero vino el
             puñetero capataz a separarnos.

EVA   Lo sé. El me lo contó. Y te parecerá una ton-
             tería, pero eso fue lo que acabó por decidirme.
             Pensé en tus malditos celos. Y si eras así con
             quince años, ¿en qué clase de infierno podría
             convertirse lo nuestro con el tiempo?

DAVID   (Dolido.) ¡Oh, vamos, solo soy un poco sar-
             cástico, pero en el fondo, un buen tipo! Dudo
             que el hijo del comisario pueda decir lo mismo.

EVA   …

DAVID   ¿Y ahora vas a decirme que acariciabas la posibilidad de volver a la fábrica de harinas a buscarme?

EVA   Sí. Por desagradable que te pongas, te miro y vuelvo a estar en la fábrica de harinas.

DAVID   No me habrías encontrado ya.

EVA   Para mí no te has ido de allí.

DAVID   ¡Cielo santo, Eva! *(Se levanta. Abriendo los brazos frente a ella. Cambiando a la tristeza.)* ¿Pero tú me has visto?

EVA   ¿Crees que tu gordura me importa? ¿Crees que habrá algo que me haga olvidar?

DAVID   Tú no me estás viendo a mí, estás viendo un símbolo, solo un símbolo de lo que *(Remarcando cada palabra.)* «no llegó a ser».

             (Ella asiente, pensativa.)

EVA   Tal vez. *(Pausa. Para sí.)* Siento tanto que entonces me diera miedo pasar de los besos… Porque, a lo mejor, si…

DAVID   *(Resopla.)* Déjalo, Eva. *(Silencio.)* Estábamos en que el hijo del comisario se ha ido.

EVA   Sí, salió ayer por esa puerta y me dijo: «supongo que ahora buscarás a David».

DAVID   (*Intentando encajar la frase. Sincero y sin ironía.*) Mira, es mejor que no sigamos con esto.

EVA   Pero vamos a hacerlo.

DAVID   No quiero escuchar lo que ha sido tu matrimonio. No me interesa.

EVA   Pero te lo diré de todos modos: mi matrimonio has sido tú, él y yo. Sobre todo, tú. (*Silencio.*) Al principio buscaba el olor de su pelo, pero no, su pelo no olía a mantequilla. Y después, un día, le proponía que fuéramos al campo y buscáramos una cuadra donde besarnos, pero no aparecía ningún capataz para interrumpirnos, ni regañarnos. No tenía ni idea de cómo resolver una raíz cuadrada y cuando aquella tarde un borracho se metió conmigo no acertó a defenderme. Le hablaba de lo serio que era alguien para que nos riéramos, pero no le hacía gracia. Dejó de hacerle gracia que le leyera las historias que seguía escribiendo en mi cuaderno. (*Silencio.*) Y entonces yo buscaba la única foto que conservo de nosotros dos, donde tú llevas esa camiseta azul salpicada de barro y a mí …

DAVID   (*Interrumpiéndola.*) …se te ve el diente mellado…

EVA   ¿Aún conservas esa foto?

DAVID   (*Sin ironía.*) La quemé con los poemas de mi
        padre. (*Pausa.*) Pero la recuerdo. (*Para sí.*) Sí,
        la recuerdo.

EVA   (*Con nostalgia.*) ¡Lo pasamos bien!, ¿verdad?
        ¡Y, en el fondo, cómo nos entendíamos! (*Pau-
        sa.*) Jamás me he entendido con nadie como
        contigo… (*Silencio.*) Di algo.

DAVID   (*Muy cabreado, que su reacción resulte chocante.*)
        ¿Qué quieres que te diga? ¿Qué nos entendía-
        mos bien? Sí, lo hacíamos. (*Pausa.*) Puede que
        demasiado bien.

EVA   (*Llevándose las manos a la cabeza.*) No, así no…
        (*Retira las manos de la cabeza y repite.*) Di algo.

DAVID   (*Muy triste ahora.*) ¿Qué quieres que te diga?
        ¿Qué nos entendíamos bien? (*Pausa.*) Puede
        que demasiado bien.

EVA   ¿Por qué demasiado?

        (*Silencio.*)

DAVID   Demasiado intenso, demasiado alegre, dema-
        siado perfecto…

        (*Se deja caer en la silla y se pasa la mano por
        la cara.*)

EVA   Me gustaría oler tu pelo.

DAVID   (*Dudoso.*) ... Hazlo. (*Ella se acerca lentamen-*
               te. Se inclina para olérselo.) ¿Qué?

EVA   Creo que huele a bacon.

               (*Los dos ríen.*)

DAVID   Bueno, pues entre lo de antes y lo de ahora, ya
               tenemos un sándwich. (*Vuelven a reír. Obser-*
               vándola.) Sigues estando guapa.

EVA   Y tú.

               (*Ríen.*)

DAVID   ¿Me estás cortejando?

EVA   Claro. (*Ríen.*) Aún se te hace el hoyito en la bar-
               billa cuando te ríes.

DAVID   ¡No me jodas!

EVA   Te lo digo en serio.

DAVID   Pero, mujer, para eso hace falta estar delgado.

EVA   Pues se te hace.

               (*El ríe y se toca la barbilla.*)

DAVID

No sé. (*Ella se la toca también, pero él se retira, con timidez.*) Hace demasiado tiempo que nadie me toca. (*Silencio largo.*) ¿Por qué me has imaginado así? Gordo…

EVA

Ya lo sabes. (*Pausa.*) Pero mañana puedo imaginarte delgado y a lo mejor es más fácil. Puedo imaginar que no tuviste una novia que te la pegara en la cama. Imaginar que no tienes un bar frente a una avenida de tilos. Que te hiciste bombero o ingeniero. O empezaré por el final y llegaré hasta el principio. Te contaré primero lo de tus padres y lo de mi marido y acabaré con los recuerdos más bonitos. Y otro día te supondré aficionado al golf y con muchos hijos. Y a fuerza de imaginarte, acabaré por encontrar esa versión donde todas las preguntas puedan quedar contestadas. Y solo entonces dormiré tranquila.

DAVID

Supongo que te lo dijo ayer el hijo del comisario antes de salir por esa puerta, ¿no? (*Imitando su voz en plan de burla.*) «Y ahora buscarás a David»… «Pues que sepas que David se murió hace dos años»… «Dicen que el pobre solo tenía un bar de mala muerte y que se había puesto como una foca»… (*Ella se tapa la cara con las manos y se echa a llorar. Silencio en el que él la mira con mucha tristeza. Luego se levanta y va hasta ella. Recita.*) «Puedo morir de insomnio, de angustia o de terror, / pero hasta el mismo fin me durará el fervor; / me moriré diciendo que la vida era buena»[(*)]. (*Pausa.*) Qué tonterías decía mi padre en sus poemas, ¿no? ¿Buena la vida? (*Ella sigue llorando y apoya la cabeza en el pecho de él.*) Solo es pasado, princesa. Y es tarde para decirte lo que tú quieres.

EVA (*Retirándose de él, va hacia el proscenio que se ilumina mientras lo demás queda a oscuras. Entre lágrimas. Mirando más allá del patio de butacas.*) ¡No! ¡Hablaré contigo cada noche, si hace falta, hasta que me convenza de que no estás enfadado, de que si te fue mal no tuve yo la culpa! ¡Volveré a la fábrica de harinas y preguntaré a todo el pueblo! ¡Acabaré por saber cómo fue tu vida, qué te pasó a lo largo de todos estos años! ¡Y tú acabarás por decirme que no me olvidaste nunca, que ojalá no me hubiera subido en aquel tren! ¡Encontraré en mi cabeza la manera de…, de… (*Como para sí. Aún mirando hacia el patio de butacas.*) Dime esta noche, al menos, de qué te moriste? (*Silencio largo en el que ella espera la respuesta, pero no se atreve a mirar hacia atrás, donde está él. Con miedo.*) Dí. ¿De qué te moriste?

(*Al fin se vuelve lentamente, para descubrir que el resto del escenario ha quedado a oscuras. Luego…*

Oscuro total.

[(*)] Poema de Félix Grande.

Elena Belmonte

más al este es el oeste

Personajes

RAMIRO
ZEUS

2 👤

El dios ZEUS *en la consulta de* RAMIRO, *psicólogo.* ZEUS *va vestido con una túnica, tiene el pelo largo, canoso y despeinado y da vueltas a la corona que lleva en la mano.* RAMIRO *con cuaderno y bolígrafo. Despistado y muy repeinado. Dará la impresión de que está pensando en otra cosa. Silencio incómodo en el que* RAMIRO *está mirando sus mensajes en el móvil.*

RAMIRO   *(Levantando la cabeza, pero sin llegar a guardar el móvil.)* Así que dice usted…

ZEUS   *(De morros.)* No, yo no he dicho nada todavía.

RAMIRO   Ah, ¿no? Pues pensaba que sí. *(Silencio en el que* ZEUS *lo mira con enfado.)* ¿Y por qué no ha dicho nada?

ZEUS   Dígamelo usted.

RAMIRO   Lleva un rato ahí sentado, ¿no?

ZEUS   Yo diría que sí.

RAMIRO   Pero ¿es aquí a dónde viene?… No, es que lo mismo se ha equivocado. Justo enfrente, hay una tienda de disfraces. Yo soy psicólogo. Hago terapias y esas cosas.

ZEUS   ¿Qué cosas?

RAMIRO   ¿Cómo que qué cosas?

ZEUS   Usted lo ha dicho: «hago terapias y esas cosas». ¿A qué tipo de cosas se refiere, aparte de la terapia?

RAMIRO   Bueno, a ver, solo es una manera de hablar.

ZEUS   Pues cuando uno dice «esas cosas» debería, al menos, saber qué hay detrás. *(Pausa.)* ¿O es que habla por hablar? ¿Es usted psicólogo o un vendedor de tómbola?

RAMIRO   Pero vamos a ver, cómo que un vendedor de tómbola. Si viene aquí y no tiene fe en esto de la psicología…

ZEUS   *(Rotundo.)* ¡Yo no tengo fe en nada! ¡La he perdido!

RAMIRO   Si le sirve de consuelo, yo también.

ZEUS   *(Amargado.)* Puedo incluso darle la fecha exacta de cuándo la perdí.

RAMIRO   Yo también. Pero usted primero.

ZEUS   Cuando Hera, mi mujer, me pidió el divorcio.

RAMIRO   Pero eso está a la orden del día, hombre.

ZEUS   Será normal aquí, en su mundo, pero no en el
           mío.

RAMIRO   Ah, que tiene otro…

ZEUS   (*Potente.*) ¡Soy Zeus!

           (*Silencio en el que espera que* RAMIRO *haya
           quedado impactado.*

RAMIRO   Bien, se llama Zeus, ¿y?

ZEUS   ¡No me llamo Zeus, soy Zeus!

RAMIRO   Por supuesto, yo me llamo Ramiro y soy
           Ramiro.

ZEUS   ¡Soy Zeus, el dios del Olimpo!

RAMIRO   ¿El Olimpo? ¿Alguna compañía de teatro?

ZEUS   ¡El Olimpo de los dioses de la mitología
           griega! ¡El dios de todos los dioses mitoló-
           gicos! ¡Nosotros somos la cuna de la civili-
           zación, y yo más que nadie porque he sido el
           jefe! ¡Y fíjese, he dicho «he sido»!

           (RAMIRO *consulta en su móvil.*)

RAMIRO   (*Leyendo.*) «Zeus: en la religión de la antigua
           Grecia, el dios más poderoso de los dioses.

Como dios del cielo y rey del Olimpo, su temperamento afectaba al clima». *(Lo mira sin entender.)* Yo esto del clima no lo entiendo bien.

ZEUS   Lo del clima…, bueno, ahí puede ser que se hayan pasado un poco.

RAMIRO   ¿Solo en eso?

ZEUS   Se muestra en contra como se mostraría en contra de todo aquello que le enseñaron en la escuela mientras usted bostezaba.

RAMIRO   No me extraña porque yo en la escuela bostezaba bastante.

ZEUS   No me interesan sus quejas sobre la educación. Más bien digamos que fue un niño hiperactivo y que la curiosidad no era lo suyo.

RAMIRO   ¿He de suponer que, además de ser y llamarse Zeus, tiene poderes adivinatorios?

ZEUS   No hay más que verlo.

RAMIRO   *(Con curiosidad por primera vez.)* ¿A qué se refiere?

ZEUS   *(Cortante.)* ¡No estoy aquí para hacerle yo la terapia! Además de que no creo que le gustara lo que pudiera decirle.

RAMIRO   Dígamelo de todos modos.

ZEUS   ¡Le he dicho que no! Baste con decir que lo que veo es un narcisista de manual. Un egocéntrico quejica, un mindundi, el ejemplo exacto de la vacuidad de los tiempos modernos, tiene déficit de atención y ¿por qué no añadirlo?... un gilipollas. (*Silencio en el que* RAMIRO *intenta encajar el golpe. Un tanto afectado, se levanta, pasea un poco y se detiene de espaldas a* ZEUS.) Ya le he dicho que no iba a gustarle. (RAMIRO *se da la vuelta, saca un clínex del bolsillo y se limpia un ojo. Con sarcasmo.*) ¿No me diga que está llorando? ... En el Olimpo, cuando las cosas funcionaban bien, la gente lloraba sangre.

RAMIRO (*Picado. Recolocándose el pelo.*) ¿Y cuando no funcionaban?

ZEUS   Me refiero a cuando el Olimpo era como tenía que ser. No sabe cómo echo de menos aquellos tiempos dorados. Allí todo se hacía de verdad. Se reía hasta que los dientes se desencajaban de las encías, se lloraba hasta llenar varios mares, no existía el aborto y los padres devoraban a sus hijos nada más nacer, se violaban cientos de doncellas cada día, y si alguien te la jugaba lo convertías en ternera.

RAMIRO (*Volviendo a sentarse. Aún picado.*) Menudo ambientazo.

ZEUS   Sí, animado si que era.

RAMIRO   Yo lo que veo es un machista trasnochado y
              violento. Y en el mejor de los casos un anciano
              desorientado, con túnica y pelucón.

ZEUS   Sus palabras son para mí una brizna de aire
              entre las ramas de un roble. Es lo que tiene
              hablar cuando solo se es un insustancial.

RAMIRO   Pero vamos a ver…

ZEUS   ¿Se ha dado cuenta de que dice «vamos a ver»
              delante de cada frase? Me abruma la riqueza
              de su vocabulario. Está lleno de estribillos.
              Seguro que, en vez de reírse, dice «ja, ja, ja».

RAMIRO   Lo mejor será que se marche.

ZEUS   (*Ríe. Luego potente.*) ¡A Zeus nadie le dice lo
              que tiene que hacer! (*Pausa.*) Pero estaba con-
              tándole el día en que mi mujer me pidió el di-
              vorcio. Muy cierto que ella había aguantado de
              todo: infidelidades, mentiras, deslealtad, vio-
              lencia, chuleo. Pero en el fondo, nos enten-
              díamos bien. Ella quería ser la esposa de Zeus,
              la madre de los hijos del dios supremo y, cuando
              se quiere todo eso, hay que pagar el precio.

RAMIRO   (*Interrumpiéndolo.*) Ya.

ZEUS   Ya, ¿qué?

RAMIRO   Solo he dicho ya.

ZEUS   ¿Y a santo de que me interrumpe para decir algo tan tonto?

RAMIRO   Soy el psicólogo y estoy en mi derecho de interrumpir cuando me parezca apropiado.

ZEUS   ¿Apropiado? ¿Qué idea tiene usted de lo apropiado? Un dios del Olimpo le está contando el momento más dramático de su vida y usted lo interrumpe para decir «ya»…

RAMIRO   (*De mala gana.*) Continúe.

ZEUS   Continuaré porque así lo deseo y no porque usted me lo diga. (RAMIRO *va a decir algo, pero* ZEUS *no lo deja.*) Y entonces, Hera, mi mujer, me recibe a la hora del almuerzo con una mesa llena de viandas exquisitas, me llena incluso una copa de ambrosía y va y me lo suelta…

RAMIRO   ¿A qué sabe la ambrosía?

ZEUS   ¡¿Cómo me va ella a preguntar a qué sabe la ambrosía?!

RAMIRO   Soy yo el que lo estoy preguntando.

ZEUS   ¡¿Qué importancia tiene a lo que sepa la ambrosía?!

          (RAMIRO *consulta en el móvil.*)

RAMIRO   (*Leyendo.*) «Ambrosía: Bebida que confería la inmortalidad a los dioses. De sabor muy dulce y suculento, con toques de miel y néctar». (*Se pone a buscar néctar. Leyendo.*) «Néctar…».

ZEUS   (*Interrumpiéndolo. Amenazador. Casi gritando.*) ¡Por todos los dioses, deje ese puto aparato!

RAMIRO   (*Recolocándose el pelo.*) No me gustan las palabras soeces. No en mi consulta.

ZEUS   ¡Oh, vaya, también es puntilloso!

(*Silencio en el que se miran mal.*)

RAMIRO   Continúe.

ZEUS   Continuaré, siempre y cuando no vuelva a interrumpirme con sandeces. (*Pausa.*) Ya no sé ni por dónde iba.

RAMIRO   Su mujer le sirvió una copa de ambrosía y se lo soltó.

ZEUS   Ah, si, me dijo «te dejo. Todo esto ha estado muy bien, pero hay un tiempo para cada cosa y este es el tiempo de decir adiós».

RAMIRO   Pensaba que los dioses con eso de ser del Olimpo hablarían más florido y más extenso, sobre todo en una situación así.

ZEUS   Sí, así es, pero creo que ella se temía mi reacción y prefirió resumir y no cargar las tintas.

RAMIRO   ¿Y le sirvió de algo?

ZEUS   De nada. ¿Qué pretendía? ¿Trastocar la historia? Ella y yo estábamos unidos para toda la eternidad. Éramos el símbolo máximo del matrimonio. Nuestro divorcio acabaría con el Olimpo al completo. Ya nadie entendería nada sin nuestra unión. Así que yo también procuré resumir y le dije: «tú te quedas donde estás». Y como funcionábamos bien en el lecho, me la llevé a rastras. (*Sonríe con nostalgia. Se recompone.*) Por supuesto, ella no era Afrodita, la diosa del amor, pero no se le podía negar que le ponía ganas. Sin embargo, en aquella ocasión, no dejó de mirar al techo.

RAMIRO   Ya.

ZEUS   (*Enfadado.*) ¡¿Cómo tengo que decirle que no…?!

RAMIRO   (*Interrumpiéndolo.*) Digo ya porque eso de estar con alguien que mira al techo… vamos a ver, que me suena.

ZEUS   ¡Me importa un cuerno!

RAMIRO   ¡Pues a mí no!

ZEUS   ¡Busque un psicólogo!

RAMIRO   Lo he pensado más de una vez.

ZEUS   Estuvimos juntos hasta que el sol despuntó
         en el otro extremo de Creta y no despegó la
         mirada del techo. Llegué a pensar si estaría
         muerta. Pero ella no podía morirse, salvo que
         yo lo decretara.

RAMIRO   Claro. Cómo no.

ZEUS   Yo ya estaba mayor y, la verdad, me dio pereza
         matarla. Sangre, vísceras y toda la guarrería
         que se arma. Pensé que si iba a estar de estas
         maneras a partir de ahí, no me tenía cuenta.
         ¡Bah, que le den, será por mujeres! Lancé por
         la ventana todas sus pertenencias y también a
         ella...

RAMIRO   (Interrumpiendo de nuevo.) ¿En qué quedamos,
         la mató o no la mató?

ZEUS   ¡Estábamos en un primer piso, joder! ¡Además
         ella había ganado kilos con los años y solo
         rebotó un poco!

RAMIRO   Insisto en que, por favor, cuide su vocabulario.
         Es decir, que incluso tuvo el cuajo de asomarse
         a mirar.

ZEUS   Quien ejerce el poder tiene que estar atento a
         los detalles. Era necesario, casi obligado, saber

en qué estado había quedado para prever las consecuencias.

RAMIRO   ¿Y en qué estado había quedado?

ZEUS   Se le había desecho el peinado y poco más. *(Pausa.)* Me miró desde abajo con ojos de pantera y me dijo: «me soñarás». Días después no solo me pidió el divorcio sino la mitad de mis riquezas. *(Suelta una carcajada espantosa y amarga. Como si la carcajada lo hubiera despeinado,* RAMIRO *se retoca el pelo.)* ¡El divorcio y la mitad de mi fortuna! «Esa mujer pedirá limosna por los caminos», fue lo que le dije a su abogado. ¿Y sabe lo que me contestó?

RAMIRO   No tengo ni idea.

ZEUS   Que tal vez ella acabara mendigando, pero que ya me avisaba que sería el principio del fin de nuestro mundo y de nuestro reinado. *(Silencio. Triste y abatido.)* Y no se equivocaba. Ahí empezó a derrumbarse todo. Primero las miraditas de los otros dioses, sus frasecitas malintencionadas: «vaya, así que tu mujer te ha dejado». En esos tiempos me cargué yo solo a más de la mitad del Olimpo. Se me fue la mano, esa es la verdad. La vergüenza no me daba un minuto de paz. Dioses y mortales empezaron todos a pedir el divorcio, a los jóvenes les dio por estudiar derecho, las madres recomendaban a sus hijas que estudiaran también… El principio del fin, como dijo aquel picapleitos.

RAMIRO   Y el fin del fin: usted aquí sentado.

           (*Silencio.*)

ZEUS   (*Que sigue abatido.*) No sé para qué tanto jaleo
           si ahora, ella y yo, somos buenos amigos.

RAMIRO   No es buena idea, ya se lo digo yo.

ZEUS   Lo sé. Pero Hera es una mujer de los pies a
           la cabeza. ¡Es un lirio, es la constelación más
           bella del firmamento! (*Pausa. Afectado.*) Le
           he pedido millones de veces que volvamos al
           principio de nuestro amor, pero ella dice que
           no.

RAMIRO   Ya, ya, ya sé de qué me habla.

ZEUS   (*Llevándose las manos a la cabeza. Levantándose.
           Declamando.*) ¡Oh, dioses, ayudadme! ¡¿En
           qué me he equivocado?! ¡Lo tenía todo y ahora
           no soy más que un pobre miserable! (*Se tapa
           la cara con las manos. Parece sollozar.* RAMIRO
           *hace gestos afirmativos con la cabeza. Afectado
           también. Saca el clínex y vuelve a secarse un
           ojo.*) Ella me dice que no, pero lo hace con la
           sonrisa más dulce que pueda existir.

RAMIRO   Dese con un canto en los dientes. Yo le pedí
           lo mismo a mi ex y casi me escupe. (*Pausa.*)
           ¡Con lo que le he tenido que aguantar y aún
           le pido que vuelva!

(*Ambos, abatidos, se quedan en silencio un rato.*

ZEUS   (*Ya recompuesto.*) Si soy sincero, yo no le he tenido que aguantar nada a Hera.

RAMIRO   No, no, si ya. Le fue infiel, la chuleó, la trató a patadas y aún ahora le sonríe con dulzura. Los hay con suerte.

ZEUS   Lo que ocurre es que es una diosa con mucha clase.

RAMIRO   Si tanto la quiere, al menos le podía pasar una pensión para que no tenga que estar mendigando la mujer.

ZEUS   (*Ofendido.*) ¡¿Por quién me toma?! ¡Por supuesto que no ha de faltarle de nada!

RAMIRO   No quiero malmeter, pero si se ha hecho amiga suya ha sido para eso.

ZEUS   Lo sé. Tan tonto no soy, pero al menos la veo de vez en cuando.

RAMIRO   (*Rehaciéndose.*) Bueno, vamos a ver si nos centramos. Si está aquí es porque no consigue tragarse lo de la separación…

ZEUS   Además. Pero dígame, ¿qué he de hacer cuando ahora ni siquiera reconozco el mundo en el que me encuentro?

RAMIRO Pero es que usted no debería haber dejado el Olimpo.

ZEUS No lo he hecho aún, pero tendré que hacerlo, si las cosas siguen así.

RAMIRO ¿Y cómo ha llegado hasta aquí?

ZEUS En carroza.

RAMIRO Pero, hombre, si lo que quiere es integrarse, tendría que haber venido en taxi y empezar a vestirse de otra manera. (*Mira la corona que tiene en la mano.*) Menos mal que no se la ha puesto.

ZEUS (*Interrumpiéndolo. Tajante.*) Vamos a ver, como usted dice, no juegue conmigo al despiste. A mí no me gusta dejar conversaciones a medias. Me he abierto en canal para contarle lo que me hizo perder la fe. Y ahora le toca a usted.

RAMIRO ¡¿Se cree que está hablando con una marioneta?! ¡¿Desde cuándo un paciente le ordena a su psicólogo que le cuente sus intimidades?!

ZEUS ¡No me gustan las personas que traicionan un pacto!

RAMIRO ¡¿Pero de qué pacto habla?!

ZEUS Lo sabe muy bien. Nadie me tira de la lengua sin darme algo a cambio.

RAMIRO	¡Pues muy bien! Perdí la fe hace una semana.
ZEUS	Poco tiempo me parece eso.
RAMIRO	¡Qué tendrá que ver para haberla perdido!
ZEUS	La perdió hace una semana y la recuperará en tres días. Clásico de un insustancial.
RAMIRO	Escuche, me parece que se está equivocando, me está juzgando por mi aspecto.
ZEUS	Igual que usted por el mío.
	(*Pausa.*)
RAMIRO	Podría ser, pero en absoluto es lo mismo. Se cree que yo solo entiendo de wasaps, pero sepa que tengo bastante prestigio en mi profesión… (*Casi con vergüenza.*) Y leo poesía…
ZEUS	¿No me diga? ¿De quién?
RAMIRO	Leí una de un tal Espronceda en la escuela. (*Recita.*) «Con diez cañones por banda, viento en popa a toda vela». (*Soñador.*) Me gustaba tanto la sensación de velocidad que daba el viento contra mi pelo.
ZEUS	Ya veo que ha cambiado, porque ahora más que peinárselo parece que se lo clava.
RAMIRO	¿Qué quiere decir?

ZEUS   No, nada. ¿Y ya está? ¿Esa es toda la poesía que ha leído?

RAMIRO   Leí otra de una gallega que se llamaba Rosalía de Castro. Y, por supuesto, a García Lorca.

ZEUS   Si no ha leído a Homero, a Sófocles, a Hesíodo o Teócrito, usted no ha leído nada.

RAMIRO   ¿Quién narices ha leído a esa gente?

ZEUS   ¡Nadie! Ese es el problema. En el pasado se leía poesía de verdad. ¿Quién cojones es ese García Lorca o la tal Rosalía?

RAMIRO   Insisto: cuide su vocabulario.

ZEUS   ¡Déjese de chorradas!

RAMIRO   *(Llevándose una mano a la frente.)* Usted no habla del pasado sino de la antigüedad.

ZEUS   Hoy en día lo de ayer ya es antiguo. Es una tragedia

RAMIRO   Todo lo entiende en términos de tragedia.

ZEUS   Si hubiera matado a mi mujer, nos habríamos ahorrado muchas desgracias. Para empezar, no me habría convertido en el hazmerreir del Olimpo, ni mucho menos habría originado su derrumbe.

RAMIRO   ¿Qué tal si se olvida un poco de todas esas costumbres ancestrales?

ZEUS   ¡Jamás!

RAMIRO   Pero vamos a ver...

ZEUS   (*Interrumpiéndolo.*) ¡Deje de decir vamos a ver! ¿Por qué no «a ver si» o «vayamos al grano» o «escúcheme» o «esto es lo que hay»? Y a lo que íbamos, no puedo olvidar cómo eran las cosas antes. Antes, cuando el dios Mercurio, era el mensajero de los dioses, hoy convertido en una vulgar comadre y cuando la diosa Venus era la Belleza y hoy no es más que una pobre mujer con baja autoestima.

RAMIRO   Tal vez su mujercita que le parece un lirio y una constelación, solo sea una arribista que saca provecho de la amistad que dicen tener. Se está agarrando a esa idealización para que su mundo no se vaya al cuerno definitivamente.

ZEUS   ¡Qué listo! ¡Qué fácil se habla de las cosas de los demás, cuando usted aún no ha tenido la hombría de contarme cómo perdió la fe!

RAMIRO   ¿Hombría? ¿Y usted si es lo suficiente hombre para reconocer que el Olimpo ya no es el Olimpo sino una especie de chamizo con cuatro tablas?

ZEUS   Se está usted pasando.

RAMIRO   ¿No me diga? Recuerdo que en mi infancia no tenía nada más que llorar un poco para que toda la familia se pusiera a mis órdenes. Hoy puedo llorar a mares, y a nadie le importa un pito.

ZEUS   Si supiera cuán estúpidos me parecen sus ejemplos.

RAMIRO   Si no recuerdo mal, no le he dado más que uno.

ZEUS   Me sobra y me basta. Comparar los tiempos dorados del Olimpo con una infancia de barrio de clase media-baja. Me insulta.

RAMIRO   ¿De dónde se saca que mi infancia fue de clase media-baja?

ZEUS   Fue baja, ¿no?

RAMIRO   ¡Y encima dice que lo insulto! ¡Usted me está insultando a mí desde que entró! ¡Sepa que mi familia…!

ZEUS   No necesito que me cuente de su familia. No tengo más que verle. Su padre se deslomó trabajando en un taller para poder pagarle la carrera.

RAMIRO   (*Levantándose de golpe.*) ¡Y qué! ¡¡Tengo que avergonzarme por ello?! ¡No, hasta que se avergüence usted de todo el daño que ha hecho!

(RAMIRO, *afectado, vuelve a pasear y saca el clínex para secarse un ojo.*)

ZEUS   (*Afectado también por las palabras de* RAMIRO. *Vuelve a llevarse las manos a la cabeza.*) ¡Oh, dioses, ayudadme a soportar la culpa!

(*Silencio en el que ambos intentan remontar.*)

RAMIRO   Para sentirse tan culpable, se da demasiados aires.

ZEUS   El carácter me puede. Soy vengativo, ególatra y posesivo. No tengo escrúpulos.

RAMIRO   En fin, quién no deja de tenerlos alguna vez.

ZEUS   (*Mirándolo.*) ¿Por qué llora solo de un ojo?

RAMIRO   Porque tengo conjuntivitis.

ZEUS   Es ridículo que el ojo izquierdo no llore.

RAMIRO   Pues ya lo ve.

ZEUS   Lo único que veo es que ese ojo es un cobarde, incapaz de llorar.

(*Suena el móvil de* RAMIRO. *Lo saca del bolsillo de la chaqueta, mira quién llama y contesta.*)

RAMIRO   (*De peor humor aún. Nerviosísimo.*) Dime… Pero vamos a ver, por supuesto que iré a la procesión y al besamanos, pero nadie me dijo que tuviera que encargarme también de las ramas de olivo, y de colocar las velas en el altar… Si lo quiere así el Hermano Mayor que me llame él, ¿por qué te metes tú en medio?... No, no; te lo diré yo: ¡te metes en medio porque él no tiene narices para llamarme!… Muy bien, pues dile de mi parte que me encargaré yo de todo y hasta si quiere, iré de costalero llevando la imagen solo y de rodillas. A mí no se me caen los anillos, pero que quede claro que me está acosando. *(Cuelga.)* ¡Habrase visto! ¡Esto es indignante! ¡Quien me mandaría meterme con su túnica, que la lleve como le dé la gana!

ZEUS   Supongo que no se estará refiriendo a la mía.

RAMIRO   *(Dándose cuenta de que está allí.)* ¿Qué?

ZEUS   Aunque, a decir verdad, mis túnicas ya no son lo que eran. Las de antes eran cosidas con los mismos hilos del destino por las Moiras. (RAMIRO *se ha quedado enganchado con la conversación telefónica y se le ve desorientado. Lo mira.)* ¿No va a mirar en su aparatito «Moiras»?

RAMIRO   Bueno, vamos a ver si intentamos tranquilizarnos todos y logramos entendernos.

ZEUS   ¿A quién se refiere con todos?

RAMIRO   A usted, a mí, al Hermano Mayor y a sus esbirros.

ZEUS   Había imaginado que era hijo único.

RAMIRO   ¿Y por qué tendría que serlo?

ZEUS   No hay más que verle.

RAMIRO   Es decir, narcisista, de clase media-baja e hijo único. Usted podría hacer terapias como otros hacen churros.

ZEUS   No me gustan los churros.

RAMIRO   No me estaba refiriendo a mi hermano sino al Hermano Mayor de la cofradía de Los Afligidos.

ZEUS   ¿Afligidos por qué?

RAMIRO   Usted y yo somos de creencias muy distintas y me llevaría una vida explicarle de qué se afligen.

ZEUS   Inténtelo.

RAMIRO   ¡Pero vamos a ver, ¿de qué va todo esto?! ¡¿Quiere ahora que le explique lo que es la Semana Santa y las procesiones de penitentes y la logística que lleva todo eso?! Deje de inmiscuirse.

ZEUS   ¿En qué cojones me estoy inmiscuyendo?

RAMIRO   Vamos a procurar suavizar el tono de una vez, ¿de acuerdo?

ZEUS   Es usted el que ha empezado hablando de hermanos mayores y de ramas de olivo.

RAMIRO   Bien, pues olvídelo. *(Paseando nervioso por el escenario.)* Aquí lo que pasa es que es mejor mantener la boca cerrada, eso ya me lo decía mi madre, pero no, yo tuve que decirle al Hermano Mayor que la túnica le quedaba demasiado corta. ¿Y todo por qué? Porque ha engordado y no lo quiere reconocer. Así que ahora…

ZEUS   A mi todo eso no me importa, pero sí lo que hacen ustedes con las ramas de olivo.

RAMIRO   Son quemadas en la iglesia para convertirlas en ceniza.

ZEUS   *(Nostálgico.)* El símbolo de mi hija Atenea era el olivo. Significa la esperanza y la recuperación.

RAMIRO   Me parece muy bien, pero a mí eso tampoco me interesa.

ZEUS   Si ustedes queman las ramas de olivo, no deberían estar afligidos, salvo que no sepan ni para qué lo están haciendo.

RAMIRO   ¡Por supuesto que lo sabemos!

ZEUS   No sé yo. Tendría que hablar con otro creyente que no fuera usted, porque no me ofrece ninguna confianza.

RAMIRO   ¡Pero usted sí! ¡Ha convertido a personas en terneras, pero usted si es de confianza!

ZEUS   Simplemente no me ando por las ramas. Cojo la vida por los cuernos y tomo las decisiones que haya que tomar.

RAMIRO   Eso se dice muy fácil ostentando el poder. A ver quién es el guapo que le dice a usted que le queda mal la túnica.

ZEUS   Lo desollaría vivo y luego dejaría que los buitres acabaran el trabajo.

RAMIRO   Muy bonito.

ZEUS   Más que nada, práctico. No hay lugar para las ambigüedades. Sin embargo, usted se debate entre la furia y la cobardía con su hermano mayor.

RAMIRO   ¡Le he dicho que no es mi hermano mayor!

ZEUS   Si tantas quejas tiene, coja el teléfono y dígale a ese hombre lo que tiene que decirle.

RAMIRO   (*Descolocado.*) ¿Y qué se supone que tengo que decirle?

ZEUS   Que le dijo lo de la túnica porque es cierto y no se arrepiente, que las ramas de olivo y las velas las lleve él y que si insiste en su venganza...

RAMIRO   ...lo desollaré vivo y luego todo eso de los buitres.

ZEUS   También puede enviar un águila para que se coma su hígado, como hice yo con Prometeo, cuando nos robó el fuego. Al fin y al cabo, más limpio.

RAMIRO   ¡Me va a volver loco! ¡¿Pero se da cuenta de las cosas que dice?! ¡Mandar un águila para que se coma el hígado del Hermano Mayor! ¡¿Dé dónde saco yo un águila?!

ZEUS   Hay un mercado negro para todo.

RAMIRO   ¡Pero vamos a ver que ese hombre solo me está acosando!

ZEUS   Suficiente motivo. Es fundamental poner los límites.

RAMIRO   Lo que es fundamental es que usted se calle o me explotará la cabeza.

ZEUS   Lo que le pasa es que no tiene agallas. Es un vulgar soñador. Sueña con que a todo el mundo le siente bien la túnica y con que la gente sea como tiene que ser. ¡Vive en un mundo irrisorio!

RAMIRO   ¡Lo que es irrisorio es esta terapia! ¡Pero vamos a ver a qué narices ha venido usted! Si lo tiene todo tan claro, ¿qué es lo que está haciendo aquí?

(Silencio.)

ZEUS   *(Melancólico.)* Soy un hombre deprimido. Estoy lleno de nostalgia y melancolía. Mi mundo se desvanece y ya no acierto a encontrar mi lugar.

RAMIRO   A usted lo que le pasa es que lleva mal lo de cumplir años.(ZEUS *suelta una carcajada impresionante. Y* RAMIRO *se retoca el pelo.)* Me parece de muy mal gusto reírse así.

ZEUS   La risa de un dios no es cualquier cosa. Y no sé ni cómo tengo ganas de reírme porque la conversación con usted no ha hecho más que bajarme el ánimo.

RAMIRO   Ahora voy a tener yo la culpa.

ZEUS   *(Que sigue abatido. Pensativo.)* Tal vez debería salir en procesión con Los Afligidos. Por lo que veo, ellos también llevan túnica. Quizá algo tenemos en común.

RAMIRO   Tendría que hacérsela de color morado. Y tendría que hacerse un capirote con la tela en azul.

ZEUS   ¿Qué es eso del capirote?

RAMIRO   Como un cucurucho.

ZEUS   ¿Cómo el de los helados? (RAMIRO *mira en su móvil y luego le enseña la foto del capirote de los penitentes.*) Qué cosa tan rara.

RAMIRO   Todo lo raro que usted quiera, pero ya le he dicho que si quiere integrarse aquí más vale que no haga mohínes. Y le diré más: no me parece bien que salga en una procesión solo por pasar el rato. (*Suena de nuevo el móvil de* RAMIRO. *Mira quién llama y su nerviosismo crece.*) Dime… (*De pésimo humor.*) Pero vamos a ver, yo solo te dije lo de la túnica por hacerte un favor… ¡Ah, vaya, que te estaba llamando gordo!… Haz lo que quieras, pero si tienes que hacerme encarguitos, no busques intermediarios… Ya, ya, lo que tú quieras… Parece mentira que me hables así… ¡Dirás lo que quieras, pero has cambiado con los kilos!… (*Casi gritando.*)! ¡Si, estás gordo, estás gordo!

ZEUS   (*Cuelga. Luego saca un clínex y se limpia un ojo.*) (*Observándole.*) Ha estado blando. Gritos, pero en definitiva, ¿qué?

RAMIRO   (*Limpiándose un ojo.*) Déjeme. Necesito estar triste, pero triste lo que se dice triste.

ZEUS   Como los caminos.

RAMIRO   Sí. Como los caminos. Como una tarde de lluvia, como el árbol que nadie riega, como una calle olvidada, como el grito de un niño en mitad de la noche.

ZEUS   Va a ser que sí ha leído algo de poesía. (RAMIRO *se limpia los dos ojos con el clínex. Medio solloza. Impresionado.*) ¿Está llorando con los dos ojos?

RAMIRO   (*Entre lágrimas.*) Creo que sí. Ese hombre me va a destrozar. Lo conozco y va a destrozarme.

ZEUS   (*Autoritario.*) Será si usted se deja.

RAMIRO   Claro. ¿También se dejaron todas esas doncellas que usted violó o todos esos a los que usted les arrancó el hígado?

ZEUS   Bueno, eso es distinto. Mi poder... No les quedó otra.

RAMIRO   ¿Y cree usted que el Hermano Mayor no lo tiene?

ZEUS   Pero vamos a ver...

RAMIRO   (*Interrumpiéndolo.*) Empieza a copiarme...

ZEUS   (*Carraspea. Luego con cierto desprecio.*) No creo que su hermano sea más poderoso que el mío. ¡Nada menos que Neptuno, el rey de los mares! Podría haber hecho que un diluvio me deshiciera la cabeza o atravesarme con su tridente mientras dormía, pero en todo momento tuvo muy claro que conmigo no podía pasarse ni un pelo. Haga ya el puto favor de levantar la cabeza.

RAMIRO   (*Vuelve a sollozar.*) Qué cosas tiene.

ZEUS   Si ese tío vuelve a llamar, pásemelo.

RAMIRO   ¿Qué quiere? ¿Meterme en más jaleo?

ZEUS   No es necesario matarle. Simplemente le diré, en el tono adecuado, que no será usted quien se encargue de todas esas tareas que pretende.

RAMIRO   Ya le he dicho que usted no lo entiende.

ZEUS   (*Autoritario de nuevo.*) Explíquelo entonces como es debido.

   (*Silencio. A* RAMIRO *se le ve cortado.*)

RAMIRO   Todo esto es absurdo.

ZEUS   Le ordeno que inmediatamente me ponga al corriente de eso que, según usted, yo no entiendo. Lo he visto y vivido todo, lo sé todo.

RAMIRO   Entonces sabrá que me duele que alguien a quien quiero, se porte así conmigo.

ZEUS   ¿A quien quiere?

RAMIRO   ¿Cree que es usted el único que sueña con esa tal Hera? Usted no sabe todo lo que él y yo hemos vivido juntos.

ZEUS   Usted si que no ha entendido nada. Hera ha sido mi esposa, la madre de mis hijos, ¿pero quién le ha dicho que yo la quiera? A mí nadie me dice que no.

RAMIRO   ¿A qué viene entonces tanto ruido y tanta nostalgia? Búsquese una novia

ZEUS   Ya la tengo en Las Rozas. Pero me está costando tomármela en serio. La falta de costumbre..

RAMIRO   Mucho mandar y darse importancia, pero es un pobre desgraciado.

ZEUS   Se está pasando.

RAMIRO   Yo envejeceré triste y solo, pero al menos podré decir que he amado.

ZEUS   Está empezando a tocarme las narices de verdad. Me voy a marchar o acabaré haciendo alguna barbaridad. *(Mete la mano en el bolsillo de la túnica.)* Me he venido sin dinero.

RAMIRO   Hágame un bizum.

ZEUS   No sé de qué habla. En realidad, sería usted el que me tendría que pagar. Gracias a mí ha logrado llorar con los dos ojos.

RAMIRO   Tiene gracia.

ZEUS   *(Mira la corona con la que su mano ha estado jugueteando todo el tiempo.)* Quédesela; no la necesito para nada. Cuesta un pastón. Así que véndala y ponga otro negocio porque usted no vale para esto.

         (Le da la corona, RAMIRO la coge y se queda con ella sin saber qué hacer.)

RAMIRO   ¿Vuelve al Olimpo en su carroza?

ZEUS   Ya no tengo nada que hacer allí. He conseguido que un amigo me deje un chalet a las afueras de La Rioja.

RAMIRO   ¿Y viene hasta La Mancha desde La Rioja?

ZEUS   *(Desconcertado.)* ¿La mancha? ¿Qué mancha?

RAMIRO   Ya veo que usted y su carroza viajan a bulto.

ZEUS   No es eso. El problema es que mis caballos son demasiado veloces.

RAMIRO   (*Busca en su móvil. Lee.*) «La Mancha: en árabe tierra sin agua».

ZEUS   Ya me parecía que estaba todo demasiado seco.

RAMIRO   Antes de volver a La Rioja, pruebe los quesos.

ZEUS   (*Molesto.*) No me gusta el queso.

RAMIRO   Lástima.

ZEUS   Lo que haré antes de irme, será decirle algo: ese hermano suyo no le conviene, en el mejor de los casos, es un tacaño que no quiere comprarse una maldita túnica y en el peor, es un abusón.

(*Suena el móvil de* RAMIRO. *Mira quién le llama.*)

RAMIRO   (*Inseguro.*) ¿Sí?… (*Escucha largo rato. Luego muy nervioso.*) ¿Quieres hacer el favor de razonar un poco? ¿Te parece normal que me estés haciendo la vida imposible como si tú y yo… como si no hubiese habido nada entre nosotros?… Te pones de unas maneras que es imposible razonar. ¿Cómo puede ser que me trates así, como si tú y yo?… ¿Ya no te acuerdas de aquella tarde en la piscina o de lo que nos reímos cuando… (*Casi gritando.*) ¡Existen miles de momentos compartidos, coño! ¡¿Vas a tirarlos todos por la borda por una puta túnica!? (*Casi llorando de nuevo.*)

No es verdad eso que dices, solo estás enfadado… Escucha, podríamos…

(Zeus *le arrebata el móvil.*)

ZEUS   (*En tono encantador y falso.*) Buenas tardes, estaba aquí con su hermano y me preguntaba yo si aceptarían a alguien más en la procesión de Los Afligidos. La túnica ya la tengo… Ah, bien, de acuerdo, entonces iré mañana mismo… Encantado de saludarle. Muchas gracias.

(Zeus *le pasa el móvil a* Ramiro *que ha escuchado la conversación haciéndole gestos de que le devuelva el móvil y luego llevándose las manos a la boca.*)

RAMIRO ¿Qué?… Bueno, es Zeus, el dios del Olimpo… Está aquí y no he podido evitar… ¿Cómo?… Pero vamos a ver, Cristóbal, que no hay nada de eso, cómo puedes pensar… (*En el estupor.*) Ha colgado. (Ramiro y Zeus *se miran.*) ¿Con qué derecho se mete en nuestra conversación?

ZEUS   Me ha parecido la ocasión perfecta para…

RAMIRO (*Interrumpiéndolo.*) Usted siempre a lo suyo, ¿no?

ZEUS   (*Satisfecho.*) Me ha dicho que podemos hablar mañana.

RAMIRO   Pues a mí me ha dicho que ya no me quiere, que lo nuestro se ha acabado, y que me he dado mucha prisa para sustituirlo por un pirado.

ZEUS   Es su problema.

RAMIRO   Ah, solo su problema.

ZEUS   Si no llego a interrumpirlo, acaba hasta suplicandole. ¡Por todos los dioses!

RAMIRO   Será mejor que se marche de una vez. ¡A partir de aquí usted y yo no nos conocemos de nada!

ZEUS   ¡Qué idiotez! ¿Acaso cree que voy a presentarme a hablar con él bajo otro nombre que no sea el mío?

RAMIRO   Haga lo que quiera, pero empezará con muy mal pie.

                (ZEUS *suelta una de sus carcajadas, pero esta vez* RAMIRO *ni se molesta en acicalarse el pelo.*)

ZEUS   ¿Me está diciendo que debo tener miedo de ese hombre?

                (*Vuelve a reír.*)

RAMIRO   Márchese de una vez, desaparezca de mi vida. Se lo pido de rodillas.

ZEUS   Claro que me voy; ahora tengo un objetivo. Y usted acate su destino que es el de obedecer a los más fuertes.

(ZEUS *va saliendo mientras* RAMIRO *lo observa muy disgustado.*)

Oscuro.

RAMIRO *en su consulta. Se le ve despeinado y, en general, muy descolocado. Pasea, inquieto, por el escenario. Lleva el clínex en la mano, como si hubiera estado llorando. Entra* ZEUS, *ha cambiado la túnica por ropa actual y se ha recogido la melena en una coleta. Tiene aspecto de estar contento. Cuando* RAMIRO *lo ve, su inquietud crece. Está, más bien, en el estupor.*

RAMIRO   No puedo creer que aún tenga la vergüenza de venir aquí. ¿Qué es lo que quiere? ¿No ha sido suficiente? ¿Viene a rematarme?

(ZEUS *sonríe con aire satisfecho.*)

ZEUS   ¿Ha visto?

(*Señalándose la ropa.*)

RAMIRO   ¿Qué?

ZEUS   Me estoy integrando en este mundo de ustedes.

RAMIRO   Ya, ya sé cómo se está integrando.

ZEUS   No puede echarme nada en cara. Ni siquiera le dije a su hermano mayor que era Zeus. Me presenté así, bajo este aspecto, y la verdad es que resulta más práctico que la túnica.

RAMIRO   (*Tapándose los oídos.*) ¡No quiero escuchar nada de lo que venga a decirme! ¡No quiero! ¡Váyase!

ZEUS   Le encuentro muy nervioso. Cuando a decir verdad, uno de sus problemas ha desaparecido. ¿O no? (*Pausa. Falso.*) Lamenté mucho…

RAMIRO   (*Interrumpiéndolo.*) ¡Déjese de farsas!

ZEUS   (*Más cínico aún.*) ¿Qué farsa? Claro que lo lamenté. No es forma de morir. Siempre lamento que, tanto los dioses como los mortales, no puedan elegir cómo despedirse de este mundo.

RAMIRO   ¡Cielo santo! ¡A mí me va a dar algo!

ZEUS   Cierto que el asunto armó mucho revuelo. Lo que observo es que ustedes arman mucho alboroto por cualquier cosa. En el Olimpo uno se enteraba de que su hermano había sido despellejado y seguía comiendo sin aspavientos. En el fondo, me resultan tan infantiles…

RAMIRO   ¿Le parece infantil llevarse las manos a la cabeza cuando un hombre aparece cocido en un caldero?

ZEUS   Bueno, pensemos que alguien tendría razones para cocerlo.

RAMIRO   ¡Usted no se está integrando en estos tiempos, está trayendo la barbarie de los suyos! ¡Usted era un animal antes y lo sigue siendo! ¡Y da igual cómo se vista!

ZEUS   Me alegro de que ya no confíe tanto en las apariencias. Incluso ha dejado de peinarse. Otro avance.

RAMIRO   Usted salió de aquí con el propósito de acabar con el Hermano Mayor.

ZEUS   (*Muy tranquilo.*) Puede. Ya le dije que no me gustan los abusones.

RAMIRO   ¡Y ya está! Y como no le gustan los abusones, va y se lo carga.

ZEUS   Tampoco me gusta perder el tiempo. Soy de soluciones rápidas. Yo no soy como usted de estarme lamentando y llorando en un rincón.

RAMIRO   ¿Qué es lo que quiere viniendo aquí, que le aplauda?

ZEUS   No, quería decirle que yo también he hecho algunos avances. (*Pausa.*) Seguí su consejo y… (*Satisfechísimo.*) he conocido a alguien.

RAMIRO   (*Sin querer oírlo.*) ¡Por dios santo y bendito!

ZEUS   Es bellísima. Estuvimos tomando queso, y tenía usted razón, no está tan mal el queso.

Esta tierra tiene cosas interesantes, toda esa historia de Dulcinea y El Quijote. Aunque ese hombre tenía demasiados pájaros en la cabeza. He pensado que yo podría escribir una historia mejor.

RAMIRO   ¡Tenga la decencia de marcharse! ¡¿Viene encima a restregarme que se ha enamorado cuando usted, usted…?! (*No sabe ni cómo continuar. Coge el móvil para llamar.*) Voy a llamar a la policía.

ZEUS   ¿Y qué les dirá?

RAMIRO   Sabe de sobra lo que les diré.

ZEUS   ¿Tiene pruebas?

RAMIRO   Solo a alguien como usted se le puede ocurrir asesinar de semejante forma.

ZEUS   Qué iluso. ¿No escucha las noticias? Asesinatos, violaciones… Pensé que entre su mundo y el mío habría más diferencias.

RAMIRO   El mundo de antes, el de ahora o el de nunca. ¡A la mierda! ¿Sabe lo duro que es que te planten en el mundo y que ahí estés tú haciendo lo que puedes?

ZEUS   Ya sabe que no estoy familiarizado con las miserias de los pobres mortales.

RAMIRO   Como para que encima venga un gilipollas y te arrebate lo que más quieres...

ZEUS   Oh, vamos, déjese de tanta monserga con el amor. Es un tema de lo más aburrido.

RAMIRO   ¡¿Por qué no se va de una vez a tomar por culo, hijo de puta?!

ZEUS   Con lo mirado que era usted con las palabras...

RAMIRO   ¡Hablo como me da la gana igual que otros asesinan en calderos hirviendo!

ZEUS   Deje ya ese tema. Vuelvo a decirle que le he hecho un favor. No tuve más que echarle la vista encima a su hermano para darme cuenta de que era un... ¿capullo? ¿Es eso lo que dicen ustedes? (RAMIRO *le sacude una patada a la silla por no dársela a él.*) Tiene usted muy mal gusto. (*Pausa.*) Y tenía razón en lo de la túnica; le quedaba por la rodilla. De hecho, antes de introducirlo en el caldero, se lo dije. Le dije que todo eso se podría haber evitado de prestar más atención a la vestimenta.

RAMIRO   ¡Y ahora me contará la cara que puso! ¡Muy bien, no escatime en detalles!

ZEUS   Sí, fue interesante le cara que puso; le cambió el color, pero nunca sabremos si fue por eso o porque el agua estaba entrando en ebullición.

RAMIRO   (*Tapándose la cara.*) ¡Qué horror! ¡Cielo santo, qué horror!

ZEUS   No se apure tanto; dos días antes me había comentado que le encantaba el calor.

RAMIRO   ¡Cállese de una condenada vez!

ZEUS   Gracias a usted entré en la cofradía de Los Afligidos y justo es que le ponga al corriente de mis impresiones. Yo, afligidos no los vi, aunque sí muy serios. Una procesión muy seria. Eso me recordó los rituales tan animados que hacíamos en el Olimpo, con oraciones, con juegos de gimnasia, con concursos y música y bebida. Y luego estaban los sacrificios… (*Silencio.*) Y fue ahí cuando se me ocurrió.

RAMIRO   ¡Todavía se creerá que ha hecho justicia!

ZEUS   Por supuesto que lo creo.

RAMIRO   ¡Es usted un peligro público! ¡Yo tengo la culpa de lo que ha pasado! ¡Solo a mí se me ocurre contarle a un engendro mis problemas sentimentales!

ZEUS   Se está llevando un disgusto muy tonto. ¿No se siente orgulloso de ver cómo uno de sus pacientes más difíciles ha superado la depresión?

RAMIRO   ¡Me dan ganas de vomitar! ¡Me hace replantearme la vida entera!

ZEUS   No creo que sea para tanto.

RAMIRO   ¡No he hecho más que cometer un error detrás de otro! ¡Y todo por el maldito estrés!

ZEUS   Sí, en eso tiene razón. Viven todos ustedes muy estresados.

RAMIRO   ¡Como si tuviéramos que llegar a algún sitio! ¡¿A qué sitio?! ¡¿Qué sitio es ese que nos espera?! ¡¿Otra decepción amorosa?! ¡¿Otro mensaje de wasap?! ¡Cerraré esta puta consulta y me iré a vivir al monte! ¡Tomaré los hábitos! ¡Cuidaré un huerto! ¡Cuando me acueste por la noche, mi cabeza será un encefalograma plano! (*Desesperado.*) ¡No aspiro a más!

ZEUS   Habla como si estuviera en el Olimpo. Tal cual. Me alegra ver un poco de sangre en sus venas.

RAMIRO   Lo único que puedo hacer es quitarme de en medio. No hay lugar para mí en este mundo.

ZEUS   Es una lástima ahora que ha logrado llorar con los dos ojos.

RAMIRO   ¡¿Qué puñetas quiere de mí?!

ZEUS   He venido a pagarle.

RAMIRO   ¡Métase su dinero…!

ZEUS   Le dí mi corona y quiero recuperarla. No es que vaya a llevarla puesta, pero nunca se sabe.

RAMIRO   La tiré al váter.

ZEUS   Está bromeando, ¿no?

RAMIRO   (*Riendo con amargura.*) La quemé.

ZEUS   Bueno, hay remedios para el oro quemado.

RAMIRO   La hice trozos así de pequeños.

ZEUS   Entiendo. Ha decidido burlarse un rato.

           (RAMIRO *suelta una carcajada bastante enlo-quecedora.*)

RAMIRO   Puse su corona a cocer en un caldero… y no era oro; solo era latón.

           (*Vuelve a reír un tanto fuera de sí.*).

ZEUS   Lo disculpo porque sé que está muy alterado.

RAMIRO   No lo suficiente. (*Acercándose a él amenaza-doramente.*) Salga de mi consulta o no respondo de mis actos.

ZEUS   Me está recordando a mi ex mujer cuando se sentía contrariada. ¡Cómo se ponía la pobre!

RAMIRO   *(Volviendo al desánimo más total.)* Debo entender que la vida me está castigando por algo. Porque la vida siempre pasa factura.

ZEUS   ¿Qué quiere que le diga? No soy dado a la filosofía. *(Con mucho orgullo.)* He recuperado mi capacidad de acción y ahora, vuelvo a ser imbatible. ¿Qué más da aquí que allá? ¿Mil siglos antes de usted o mil siglos después? Nada cambia. Estás abajo o estás arriba. Ríes o lloras. La calma o la rabia. Estaba equivocado compartimentando los tiempos. No hay más que pequeñas diferencias: móviles o águilas, piedras o pistolas, el este o el oeste, pero más al este ya es oeste. *(Ríe. Pausa.)* Suponiendo que el tiempo exista o solo sea una impresión.

RAMIRO   Lo mismo esta sucediendo en cientos de lugares a la vez. *(Soñador de repente.)* Me gustaría estar jugando en la calle con siete años. O estar en los años cuarenta cuando los hombres llevaban aquellos sombreros tan masculinos. O…

ZEUS   Tal vez usted y yo nos conocimos en el Olimpo. Y usted tocaba la pandereta.

RAMIRO   ¿Es necesario estar en el Olimpo para tocar algo así?

ZEUS   Quien dice la pandereta, dice la lira.

RAMIRO   Mejor.

ZEUS   De haber coincidido en el Olimpo, yo seguiría siendo Zeus, el dios de los dioses. De modo que no creo que tuviésemos la oportunidad de hablar mucho.

RAMIRO   Por supuesto, las castas sociales.

ZEUS   No creo que usted aquí, siendo de clase media-baja, jugase con los niños de los médicos o los abogados.

RAMIRO   Qué importa. *(Soñador.)* Fui tan feliz en mi infancia.

ZEUS   Eso lo ha hecho vulnerable. A veces es necesario que tu padre intente despedazarte al nacer para que espabiles.

RAMIRO   No sé ya ni lo que me digo.

ZEUS   Esos son los momentos más creativos.

RAMIRO   Eché tanto de menos este año ir a la procesión. Habría podido ver al Hermano Mayor. Estaba seguro de que acabaríamos arreglando las cosas.

ZEUS   Se equivoca. Tuvimos una pequeña conversación en la puerta de la iglesia. Estaba convencido de que usted y yo…, ya sabe. Me advirtió sobre usted, dijo que era ruín e insustancial.

RAMIRO   ¿Eso le dijo?

ZEUS   Sí. Y yo le dije que ruín no sabía, pero insustancial bastante.

RAMIRO   O sea que llegaron a conchabarse.

ZEUS   No, hombre. Ya le he dicho que no me cayó bien. No lo creerá, pero yo estaba de su parte.

RAMIRO   Pero, no obstante, le tuvo que decir que sí, que yo le parecía insustancial.

ZEUS   ¿Y por qué no si lo es?

RAMIRO   ¡Y eso lo dice alguien que vuelve aquí, después de cometer un asesinato, y se pone a hablar de quesos y de Dulcineas?

ZEUS   Esa mujer me tiene loco. Su alegría, y ese poder que desprende. Ella sabe que agita la melena, y hasta Zeus se rinde.

RAMIRO   Que estupendo. Cuánto me alegro de que al final todo acabe para usted en una preciosa historia de amor.

ZEUS   Ya le he dicho que ese tema me aburre.

RAMIRO   ¿Entonces de qué va todo esto?

ZEUS   De una melena que se agita.

RAMIRO   Es usted intratable.

ZEUS   ¿Solo yo? (*Silencio.*) Pero quería contarle una buena noticia. Dulcinea y yo iremos al baile el próximo sábado. (*Dándose importancia.*) Antes, por supuesto, degustaremos unas viandas en un restaurante exclusivo llamado «El tocino». (RAMIRO *suelta una carcajada estentórea.*) ¿De qué se ríe?

RAMIRO   Bonito nombre para un restaurante exclusivo.

ZEUS   Lo es.

RAMIRO   Ya, ya.

ZEUS   El día de la procesión, tuve la fortuna de llevar a un penitente delante con el que hice muy buenas migas. Era un joven que me preguntó por usted.

RAMIRO   ¿Por mí?

ZEUS   Sí. Habiéndose enterado de que éramos amigos, me preguntó por qué no había acudido este año a la procesión y reconoció que sin usted, nada era lo mismo. Que era usted sumamente responsable, encargándose del besamanos y las ramas de olivo y que esperaba, de todo corazón, que no hubiera abandonado la cofradía para siempre.

RAMIRO   Sería Jenaro, el gordo ese que aún lleva una túnica de terciopelo como en tiempos de mi abuela.

ZEUS   No, no era ese. Se llamaba Alfonso y estaba delgado. Sufrí una grata impresión cuando, al acabar, se quitó el caperuzo. Tenía una cara bellísima.

RAMIRO   Se lo está inventando.

ZEUS   Espero que no le importe, pero me he tomado la molestia de reservar en «El tocino» para cuatro.

RAMIRO   ¿Me está tomando el pelo?

ZEUS   En absoluto. Ya sabe, soy de decisiones rápidas.

RAMIRO   ¿Y todo eso lo decidió antes o después de cocer al Hermano Mayor?

ZEUS   Antes, pero ya sabía que lo cocería.

RAMIRO   ¿Y usted piensa que como soy tan superficial, el próximo sábado ya estaré en condiciones de ponerme a ligar?

ZEUS   ¿No?

RAMIRO   Tal vez en el Olimpo no hicieran duelos tras una pérdida trágica, pero yo…

ZEUS   (*Interrumpiéndolo.*) ¿Usted?

RAMIRO   Me parece vergonzoso hasta que lo insinúe.

ZEUS   Bueno, usted sabrá. Si hay algo en este mundo y en el otro y en todos es que no se puede luchar contra la testarudez.

RAMIRO   Testarudez dice.

ZEUS   Nosotros tres sí acudiremos. Ese hombre se llevará una decepción, pero qué le vamos a hacer. Estaremos en «El tocino» alrededor de las nueve. (*Pausa. Mirándose las uñas con aire indolente.*) ¿No le gusta bailar?

RAMIRO   Será mejor que me pague y se vaya con la música a otra parte.

ZEUS   De acuerdo. Le haré un bizum. Ahora que ya sé lo que es.

RAMIRO   Aceptaría dracmas con tal de no verlo más.

        (ZEUS *ríe. Y luego inicia la salida. Antes de hacerlo, se vuelve.*)

ZEUS   Ya sabe, lo estaremos esperando.

        (ZEUS *sale.* RAMIRO *queda pensativo. Luego coge el móvil y consulta.*)

RAMIRO   *(Leyendo.)* «El Tocino»… *(Con cara de sor-
          presa.)* No está nada mal…

          Oscuro.

Esta primera edición de *escombros / más al este es el oeste*
de Elena Belmonte, terminó de imprimirse
en mayo de dos mil veinticuatro,
en Madrid.